中国这么美的30个自治州

U0816141

临夏

带一本书去

钟翔　马钊　著

中国民族文化出版社
北京

山水润灵湖 瞿海东 / 摄

目录 | CONTENTS

CHAPTER 04
临夏的历史遗迹

CHAPTER 05
临夏的民间歌舞

CHAPTER 06
临夏的手工技艺

CHAPTER 07

临夏的节会

CHAPTER 08

临夏的美食

CHAPTER 09

临夏的物产

后记

CHAPTER 01

被费孝通称为“东有温州，西有河州”的河州——临夏

唐汪杏花村 马正海 / 摄

1986年8月，时年76岁的全国人大常委会副委员长、著名社会学家费孝通来临夏回族自治州积石山县乩藏镇做社会调查，提出了“东有温州，西有河州”的发展模式。从此，这块古老而苍茫的大地揭开神秘的面纱，从大西北黄土高原的臂弯里醒悟过来，以深厚的历史文化底蕴、浓郁的民族风情、奇特的地质风貌、优美的自然风光、拼搏奋进的姿态，吸引着全国各地的客商纷至沓来，投资创业，旅游观光。

临夏区位优势明显，风光雄浑壮丽。

临夏与兰州、定西和甘南州相邻，与青海省接壤，是自古以来古丝绸之路南道要冲、唐蕃古道重镇、茶马古道枢纽，是明代

炳灵湖畔 马东林 / 摄

著名的四大茶马司之一，是连接甘青两省的重要商埠。改革开放以来，商贸流通活跃，商客南来北往，素有“茶马互市”“西部旱码头”“河湟雄镇”之称，有“花儿之乡”“彩陶之乡”“牡丹之乡”的美誉。

临夏自然风光绚丽多彩，令人心驰神往。著名的景点有黄河三峡、松鸣岩、莲花山、法台山、炳灵石林、万兽谷、胭脂湖、大墩峡、竹子沟、草场沟、东乡丹霞地貌等。每到旅游季节，无数外地游客慕名而来，享受大自然的美景。

临夏人文底蕴深厚，红色基因绵延。

临夏有各类景点143处，其中国家5A级旅游景区1处，国家4A级旅游景区级11处。有炳灵寺石窟、刘家峡、八坊十三巷、红园、东公馆、地质公园、大拱北、城隍庙、蝴蝶楼、万寿观、王尚书墓园、滴珠山公园、胡廷珍纪念馆、临津古渡等，有着深厚的历史文化底蕴，具有极高的研究价值，充满着无限魅力。

临夏的革命先驱胡廷珍，是甘肃最早加入中国共产党的党员之一，倡导成立的导河特别支部，是甘肃最早成立的三个党支部之一。红军长征经过康乐县景古镇，留下的缐家楼遗址，成为爱国主义教育基地。王震大军在临津古渡抢渡黄河，西去解放大西北。我国自行设计建造的第一座百万千瓦级大型水电工程刘家峡水电站，是不可磨灭的红色印记。

临夏史前遗迹众多，文化灿烂多元。

临夏是中华文明重要的发源地之一，早在15000多年前就有先民居住，是我国新石器文化最集中、考古发掘较多的地区之一，现有世界级遗址点 1 个、国家级遗址点 7 个、省级遗址点 21 个。文化遗址众多，出土了“彩陶王”、天下第一铜镜、玉七联璧、天下第一铜刀等珍贵文物，是中国彩陶文化唯一没有中断的地区，被誉为“中国彩陶之乡”。

临夏的河州贤孝和河州平弦、河州天启棍、葫芦雕刻艺术、河州黄酒酿造技艺、王氏铜铸技艺、河州砖雕、临夏蛋雕、河州泥塑等民俗文化，跟源远流长的黄河文化、大禹文化、花儿文化、牡丹文化等，共同组成了丰富多彩、博大精深的多元文化。

临夏地质地貌奇特，化石享誉世界。

积石山的古冰川遗址，呈河滩地带不断延伸，圆石遍地，若万羊云集，自然景色奇特。据考证，这是在距今 1.2 万年至 1 万年间第四纪末期冰川四次移动形成的，是典型的冰川漂砾，具有重要的科考价值。临夏盆地被誉为“最漂亮的陆地磁性剖面”“全球盆地研究亮点”，有距今 3000 万年至 170 万年的多处连续天然剖面和 160 万年以来黄河 7 级阶地的黄土沉积，是揭开板块运动、青藏高原隆升、黄土高原和黄河形成的金钥匙。临夏的古生物化石占新生代化石的 10 项世界之最，获吉尼斯世界纪录认证，被誉为“古动物的伊甸园”。

临夏的古生物化石种类繁多，包括巨犀、铲齿象、三趾马、披毛犀、埃氏马、巨鬣狗等，展示了古生物的丰富多样，占据了多项世界之最。刘家峡恐龙足印化石群，白垩纪地层剖面完整清晰，保存了大量恐龙足印化石，被誉为“世界上最好的恐龙足印”，展示了地球的历史变迁和生物的演化过程，具有重要的科研价值，为研究环境气候提供了宝贵资料。

莲花山 王德祥 / 摄

临夏美食独具特色，手工技艺高超。

临夏美食历史悠久，早在唐宋时就有各族人采用创新手法配置菜肴，探索烹调技法，制作出种类多样的美食，既有河州饴糖、手抓羊肉、河州八大碗等美味大餐，又有河州包子、油馃馃、牛肉拉面、河沿面片等精致面食，更有酿皮子、甜醅子、发子面肠等风味小吃，吸引着八方食客。

临夏的非物质文化遗产，凝聚着先辈的聪明智慧，散发出瑰丽的艺术光芒，彰显出河州悠久的文化魅力。临夏砖雕、东乡钉匠技艺、保安腰刀锻制技艺、东乡族刺绣、彩陶复制技艺、河州木雕、东乡擀毡技艺等国家级和省级非物质文化遗产，不断得到传承发扬，有着广泛的社会影响力。

临夏这片古老而神奇的土地，充满着无限魅力，正在以其厚

永靖县恐龙国家地质公园 李国良 / 摄

重的历史、壮美的自然、多样的文化、独特的美食，吸引着八方游客。正如一首《我家在临夏》的歌中唱道：

提起我的家呀，
我家在临夏。
白布的尕汗溚呀青布的尕夹夹，
山川景色美如画，
到处是牡丹花。
远方的客人请留下，
我给你端手抓。
先喝一碗盖碗茶拉拉家常话呀，
看看美丽的新临夏，
这就是我的家。
各族儿女干劲大一起闯天下，
花儿会上当唱家唱的是心里话，
尕日子过得火辣辣，
风情人人夸。
看看美丽的新临夏，
这就是我的家呀！

现在，临夏正在张开热情的臂膀，欢迎天南海北的人们。

CHAPTER 02

临夏的一市七县

齐家坪遗址 杨廷明 供稿

临夏回族自治州简称临夏州，古称枹罕，后改称为河州，是全国两个回族自治州和甘肃省的两个民族自治州之一，成立于1956年11月。临夏州下设1个县级市、7个县，分别为临夏市、临夏县、康乐县、永靖县、广河县、和政县、东乡族自治县、积石山保安族东乡族撒拉族自治县。临夏生活着汉、回、东乡、保安、撒拉等42个民族，东乡族和保安族是以临夏为主要聚居区的甘肃特有少数民族，截至2024年底，临夏总人口209.93万人。

中国西部的旱码头——临夏市

临夏市处于临夏州中间，是州委、州政府所在地，全州政治经济文化中心。1950年3月，临夏市从临夏县析出，此后与临夏县、永靖县合并又析出，几度废立。1983年8月31日，经批准，临夏市恢复建制，有汉、回、东乡、保安、撒拉等18个民族。古称漓水的大夏河穿境而过，牛津河、红水河在市区汇入大夏河，注入黄河刘家峡水库。

临夏市历史悠久，文化底蕴深厚。据临夏市区域内发掘的新石器时代文化遗址考证，早在5000多年前这里就有先民生活，有丰富的人文和自然景观，是回藏风情旅游线上的中转站和旅游胜地。有八坊十三巷、东郊公园、红园、茶马古市、枹罕山庄等景点和名胜古迹。

据考古发掘，宋代临夏的砖雕艺术已经相当成熟，到元明时

中国马家窑彩陶博物馆 马通 供稿

广泛用于各种建筑。现存于明末清初八坊清真北寺的砖雕“龙凤呈祥”影壁，成为砖雕艺术的精品。市内不少清真寺、拱北及东公馆、红园等建筑中饰有各类砖雕，古朴沧桑，异常精美。

临夏是中国彩陶之乡，临夏州博物馆是临夏市内最大的博物馆，1979 年 1 月成立，2008 年 1 月与临夏州彩陶馆合署办公。馆藏文物 25145 件(套)，主要为新石器时代至青铜时代的彩陶、玉器、石器、字画、化石、文物等。

1996 年，州博物馆被确定为州爱国主义教育基地。2008 年列入全国首批免费开放博物馆，是中国博物馆协会团体会员、甘肃省文化遗产“历史再现”工程博物馆、甘肃省博物馆协会常务理事单位，是省爱国主义教育基地、省社科普及示范基地、兰州大学文物与博物馆专业文科实践教育基地、西北民族大学教学实习基地。

临夏历来为兵家必争之地，战略地位十分重要，当地形成了习武风气，人们多用来保家护院。清末咸丰和同治年间，被誉为“西棍之冠”的天启棍传入河州，内容有条子、抡子（基本功）、折子（组合棍法）、串子（单练套路）、排子（对练）、刷桩等，2011 年 3 月，天启棍被列为第三批省级非物质文化遗产，被誉为“四大名棍”之首。

关于西棍的起源，学术界持不同观点，有天旗、天启、天齐等多种叫法。临夏较流行的叫法是天齐棍，据说起源于一个叫智善（亦称至善、志远）的和尚，他在甘肃天齐庙传授棍法，这种棍法故称天齐棍，后来又叫天启棍。

天启棍传人有马孝个、侯尚达、马兴燕、侯文琳、马尕帅等。1979 年在广西举办的全国武术观摩大会上，侯尚达荣获了二等

天启棍 马通 供稿

奖，为天启棍走向全国奠定了基础。20世纪80年代初，侯尚达和方如辑在《武术健身》《武魂》等杂志上撰文，介绍天启棍法。1993年《天启棍研究》出版。2013年11月，《天启棍研究续编》一书出版。2016年5月，临夏天启棍研究会成立。7月，侯文琳、李华、卢建玺、杨志强、方汝俊五人参加2016年全国传统武术比赛，取得一金、三银、四铜的成绩。2017年11月，侯文琳、卢建玺、杨志强、方汝俊四人参加第七届世界传统武术锦标赛，取得一金、二银、四铜的成绩。2019年，《临夏天启棍》一书由甘肃文化出版社出版发行。

东郊公园内，有为缅怀临夏人民的忠诚儿子、中国共产党在甘肃的早期领导人、优秀共产党员胡廷珍烈士而建的纪念馆。

胡廷珍生于1902年，临夏市人，青年时代追求真理，向往革命。在北平求学期间，参加李大钊领导的反帝反封建革命运动，1924年，经李大钊介绍加入中国共产党。1926年北伐，胡廷珍任黄埔军校政治教官。1927年，党组织派他到兰州建立兰州特支，任书记，是中国共产党在甘肃的早期杰出领导人。1933年，在新疆被反动当局杀害，时年31岁。

纪念馆占地10亩，生动展示了胡廷珍烈士光辉的一生和可歌可泣的革命经历。1993年，被确定为市爱国主义教育基地。1996年，被列为州爱国主义教育基地。2000年12月，建成烈士塑像园。2011年底，被定为省爱国主义教育基地。

在临夏市城北有王尚书墓园，纪念明朝兵部尚书王竑，有500多年历史，是闻名西北的人文景观，也是临夏各族人民宝贵的精神遗产。

王竑（1413—1488），字公度，号戆庵，祖籍湖北江夏，王竑为明朝宪宗年间的兵部尚书，被誉为“世之伟人，国之重臣”，“千古人豪，百世衡鉴”，后人多以“王尚书”称之。

王竑在任上力主改革创新，大胆革除积弊振兴朝政，受到顽固派抵抗，怀才不遇，难图大略，愤而请辞，上书五次才获准回归故里。回来不久，朝廷认为王竑有胆识谋略，起过重要作用，又派人请他出仕，均被谢绝。

王竑在任时曾流传“仁义巷”的故事。相传明成化年间，王尚书在京城收到家人书信，说邻居修房时多占一墙之地，请求通

临夏市王竑墓园 马通 供稿

过官府施压要回。王尚书看后写了一首诗作答：“千里捎书为一墙，让他五尺有何妨。万里长城今犹在，不见当年秦始皇。”家人看后心胸开阔起来，觉得王尚书说得对，就让出五尺地。邻居得知后深受感动，也退出五尺地，这样就有了“一丈巷”，这“一丈巷”也被称为“仁义巷”。

“一丈巷”的故事在不少城市都有相似版本，而临夏流传的“仁义巷”因缺少文人撰文，只在当地流传，并不被外人知道。

王竑居家时经营田圃，教子读书，填词吟诗，留下了珍贵的《戆庵集》《休庵集》等著作。明弘治元年（1488年）十二月初三，王竑因病去世，葬于临夏市东北郊。朝廷闻讯追赠为太子少保，立祠塑像，谥“壮毅”。明嘉靖十一年（1532年），皇帝下诏重修了他的墓园。

2009年10月，墓园更名为临夏王竑文化博物馆，2010年5月，临夏州王竑文化研究会成立，并召开首届研讨会，揭开王竑文化学术研究的序幕。2014年6月，中国明史学会和临夏州联合召开“中国·临夏王竑文化学术研讨会”，标志着王竑文化的研究进入了国家级学术研究平台。

红军长征经过的县——康乐县

康乐取“康泰安乐”之意，自北魏以来先后设蓝川、安乐、长乐、水池、党川等郡县。历史上分别隶属陇西、狄道、洮岷、河州等州县管辖。康乐县东临临洮县，南接渭源县和临潭县，西靠和政县，北连广河县。康乐县于 1940 年建县，距兰州 108 千米，属兰州“1 小时经济圈”，是兰州前往甘南的重要通道，也是兰西城市群的重要节点。

康乐是胭脂赤兔马出产地。古代康乐县曾是多个朝代的边疆地区，历经羌、狄、匈奴、吐谷浑、鲜卑、吐蕃等多个民族统治。现有汉、回、东乡、保安、撒拉等九个民族，其中少数民族人口占比 60%以上。

康乐县有胭脂三川，是胭脂川、中砥川、苏集川的统称，胭脂三川林草丰茂，土壤肥沃，加之雨水充沛，适宜作物生长，自秦汉以来，就有“胭脂三川米粮川”之誉。康乐是胭脂赤兔马出产地。相传，三国时期关羽胯下的赤兔马，就来自胭脂川。胭脂马是古代的名马，原为一匹野马，被猎人智伯降伏后由地方官送往京城，经多次转手，最终被曹操赠送给关羽。这匹马天赋神授，疾驰如飞，日行千里，渡水登山如履平地，因此，被称为赤兔马，以神勇著称。

草长沟的传说也与马有关。草长沟水草丰茂，牛羊肥壮，良马健硕，曾是吐蕃沙马族苏土司的领地，以畜牧为主。苏集镇鱼咀山有苏土司衙门。苏土司在明朝归顺朝廷，朝廷赐姓“苏”，苏土司定期向朝廷贡马。有一年大旱，百草枯槁，溪水干涸，牛马无水草可食，人无家业以赖，贡马羸弱。苏土司恐朝廷降罪，就带领属民向太子山神念经祈祷，在许愿树下煨起桑烟虔诚跪拜。被感化的山神遂派六位神女带着一枝千年灵草前来解困。神女来了，将千年灵草种在山间，经过一夜，长出长长的绿草，从此牛羊茁壮成长，贡马膘肥体壮，苏土司因此备受朝廷赞赏，

红军长征线家楼旧址 谢新龙 供稿

其属地百姓家业蒸蒸日上。人们感念长长的碧草，就将此地命名为“草长沟”。

药水峡景区是国家森林公园的重要组成部分。山顶的药王庙，是为纪念孙思邈而修建的佛教建筑，常有善男信女上香敬献贡品。相传很久以前，这里瘟疫流行，无药医治，人们饱受病魔折磨。药王爷为了消病减灾拯救万民，在山中广撒药种，药种生长繁衍，雨水浸其精华流入河中，人们饮用河水可治病强身。峡内河水因似药水能神奇医治百病，遂名扬天下。

康乐县辛家集还是著名词人辛弃疾的祖籍地，辛弃疾的祖籍地狄道西乡就是现在的康乐县辛家集。辛家集辛姓约占70%，临近的范家坪有辛氏祖陵。

据文献记载，在宋真宗景德年间出生的辛维叶，为隋司隶大

辛弃疾祖籍地碑画 马峥 / 摄

夫辛公义之子辛亮的十八世孙，从甘肃狄道（现康乐县）迁至济南，成为济南辛氏的始祖之一。南宋绍兴十年（1140 年），辛弃疾出生了。自从辛维叶带领辛氏一族离开康乐县至济南后，两地辛氏族人鸿雁传书，往来祭祀宗族，保持密切联系，延续家族香火。

2023 年 4 月，康乐县成立稼轩文化研究会，挖掘辛弃疾爱国主义思想，品味稼轩文化的魅力。2023 年 7 月 4 日，在辛弃疾诞辰 883 周年之际，康乐县举行了辛弃疾学术研究高峰论坛，修建了稼轩文化园，为稼轩文化发展奠定了基础。

齐家文化的摇篮——广河县

广河古称大夏、定羌，区域内有广通河。1953 年，广通回族自治区成立，1955 年，改为广通回族自治县，1956 年改称广通县，1957 年因与云南广通县重名才改为广河县，1958 年撤销，1961 年又恢复沿袭至今。广河县东临定西临洮县，南连康乐县，西接和政县，北靠东乡县，是临夏的“东大门”。

广河县回、东乡等少数民族人口占该县总人口的98%，是全国少数民族聚集程度最高的县。境内的广通河和洮河，为该地区提供充足的水源。

2016年10月，广河县齐家文化广场新建了目前全国唯一以齐家文化命名的博物馆——齐家文化博物馆。馆内陈列着陶器、玉器、铜器、骨器、石器等文物480余件。在辅助展厅里制作和复原了齐家坪、武威皇娘娘台、临潭磨沟、青海民和喇家等场景12处，并从齐家文化的发现研究、生业形态、手工业、聚落交流等方面，反映了齐家文化的社会形态。

广河县西南部的庄窠集镇的“新马太”风景区，得名于新民、马浪、太子山三处原始自然景观，是广河县最大的生态旅游景区，也是著名的避暑胜地。景区内绿树成荫，空气清新，吸引着

齐家文化博物馆 杨廷明 供稿

许多游人前来感受大自然的勃勃生机和宁静祥和。

“新马太”旅游风情线，地貌多样沟壑纵横，气候湿润雨水充沛，遍布着百花社、凤凰岭森林、大疙瘩遗迹、风转磨岭、十道林和蓝水河等 10 多处自然景观。大疙瘩遗迹和风转磨岭海拔约 2550 米，是该县最高点。站在山巅极目远眺，就可以看到大片的玉米良田，感受到远处太子山与莲花山的雄浑。

被称为古太子寺城（广河县城旧称）八景之一的水帘洞，位于祁家集镇田家村山腰，为钟乳石构造，西边的称水帘洞，东边的称筛子泉，二者一脉相通。广通湖公园位于广通河南岸，与齐家文化博物馆交相辉映，形成一南一北的靓丽景观。园内绿草茵茵，树木劲长，亭台水榭点缀其间，构成了典型的综合性娱乐休闲公园。

广河县是历史上的重要驿站，是西部地区皮毛、茶叶、百货、小商品的集散地，货物运输遍布大江南北。改革开放以后，

齐家坪遗址 杨廷明 供稿

乡镇企业迅速崛起，出现了大量家族式经营企业，以羊皮羊毛为主的畜产品行销全国，广河县的三甲集曾被誉为“西北第一集”。

陇上泉城——和政县

和政县位于临夏州南部，古称香子城、诃诺木藏城、宁河驿，旧称宁河县，俗称“南乡”，常年生活着汉、回、东乡、藏等九个民族。

和政县处于在黄土高原与青藏高原交会地带，临夏南部高寒阴湿山区，南高北低，属于北温带大陆性气候，具有“春迟秋早、冬长夏短”的高原气候特点。因地理环境的复杂，造就了和政县山峦叠翠、溪泉遍地的自然景色，有着陇上泉城的美誉，县城范围内就有大小清泉 100 多处，全县几乎到处有泉，凡有村庄人家处皆有清泉流淌。其中，最具代表性的当推滴珠山了。

滴珠山如练的清泉飞泻而下，水雾拥着细流，似无数珍珠从天撒下，故名“滴珠山”。滴珠山山清水秀，受到历代许多文人墨客的青睐。洪武三十一年（1398 年），被贬河州的明代大学士解缙经和政驿时，游览滴珠山，留下墨宝《宁河驿》，在桃池巨石上题写“悬壶点漏”四个大字。从明朝大学士解缙、刘宪、鲍龙，清朝诗人祁梅仙、吴镇，到民国的邓隆、丁俊、张健等，都以诗歌辞章颂扬滴珠山，为滴珠山留下了天下名山特有的文化品质。从解缙咏诗开始，到如今近 600 年的历史中，滴珠山经历了无数浩劫，但仍留下了古人许多宝贵的遗迹。

如今，滴珠山被开辟成滴珠山公园。公园依山而建，有南方园林的秀气，风格古色古香。

滴珠山公园以流泉飞瀑为中心而构建，随山势的高低，景色以不同的层次展现出来。在山脚，可仰望高峰；到山中，可听叮咚泉声；登山顶，远望周围，县城尽收眼底。远处高高的太子山，白雪如盖，终年不化，南岔河川道绿野万顷，麦浪翻滚，令人心旷神怡。

公园内有个小月牙池，池壁上刻有斗大的“和沼”两个字，是1933年时任和政县县长火灿所题，距今已有90多年历史。离“和沼”不远的地方便是“桃池”，桃池西边，草木遮掩之下，有鼓凸悬垂的岩石，形状如壶，表面湿漉漉的，渗出滴滴露珠，晶莹如玉，落入月牙池。桃池旁边一块石头上，有明代解学士亲笔写下的“悬壶点漏”四字。经专家多方考证，这“悬壶点漏”四字确是出自解缙之手。

登上滴珠山的顶峰老人峰，能看到飞瀑就是从这里一泻而下，在池潭溅起大小玉珠。在老人峰环眺，天高云淡，空气清新，如画的景色扑面而来，令人神清气爽。

和政县与泉有关的景区还有海眼泉。牙塘水库上游的海眼泉，从地下喷涌而出，轰轰巨响如烧开的沸水翻滚流淌，有着各种有趣的传说。一说海眼泉是大海的眼睛，故称“海眼”，能医治百病，跟当地人的生活息息相关。二说是王母娘娘怕此地遭受旱灾，便造化出这眼泉水，滋养当地百姓。

和政县风景优美的景点还有很多，有国家4A级旅游景区松鸣岩、省级景区太子山、省级森林公园南阳山景区等，还有寺

滴珠山 朱旭龙 / 摄

滴珠山悬壶点漏 朱旭龙 / 摄

沟、铁钩、三岔沟、柳梅滩等。

寺沟位于城南 20 千米处葱花岭下，是狮子峰和象山之间的峡谷，建有佛寺，故又称小普陀山。在狮子峰峭壁下有一岩洞，人们在洞内拜菩萨求子，故又称摸子洞。寺沟原有大殿、入海殿、百子宫、独岗、山门、牌坊、山神庙等建筑，清咸丰年间毁于战火。1982 年重建大殿、百子宫、牌坊等景点。

位于太子山南麓距县城 20 千米的铁沟是和政八景之一，名称来源于沟内丰富的铁矿。20 世纪 50 年代末，峡口筑有 400 多座土炉，场面宏大，因此也被称为炉子滩。

三岔沟景区位于太子山北麓海拔 2400 米的山谷地带，三条主沟（西沟、直沟、熊窝沟）在此交汇，形成独特的“三河养鱼”地貌。所谓的“三河养鱼”，指的是三沟交汇处有一座鲤鱼状的山峰。

柳梅滩景区在县城南部的太子山下，距县城 25 千米，有柳梅滩、大湾滩、黄松沟、麻崖、牙塘水库等景点，生活着国家二级保护动物溪鲵。

大禹治水的源头——积石山县

积石山县，全称积石山保安族东乡族撒拉族自治县，是甘肃省唯一的多民族自治县，聚居着汉、保安、东乡、撒拉、回、土、藏等 10 个民族，少数民族人口占总人口的 65% 以上，其中保安族人口占全国该民族总人口的 95% 以上，是全国唯一的保安族聚居地，具有浓郁的民族风情和独特的人文景观。

积石山县地处临夏州西北角小积石山东麓，东南与临夏县接壤，西与青海省循化县毗邻，北与青海省民和县隔河相望，东北部与永靖县以黄河为界。

据《尚书·禹贡》记载，大禹“导河积石，至于龙门”。“积石”一词由来已久，是大禹治水的源头。据考证，这里的“积石”是指现在的积石山县大河家镇积石峡（即“小积石山”）。积石峡谷自古是兰州黄河谷地通往青藏高原的要隘，历代封建王朝曾在峡口筑积石关屯兵驻守，北宋始设积石关，明河州卫所辖二十四关中的第一关就是积石关，号称“积石锁钥”。

积石山县内全长57千米，处于沿太子山旅游大通道上，起于卧龙沟，止于大河家，将沿途的吊水峡、石海古冰川遗址、黄草坪、大山庄峡、保安三庄、大墩峡、大河家黄河大桥等景点连接起来，成为自驾游的黄金地带。随着太子山旅游大通道、临夏至大河家高速等交通项目实施，积石山县与邻近的临夏县、永靖县和青海的化隆、循化、民和等地联系更加快速便捷。

通道上的大墩峡是国家4A级旅游景区，处于甘青两省交会地带，距大河家镇西6千米，依黄河而生，东临黄河三峡，南接保安三庄之一的大墩村，西靠国家4A级旅游景区孟达天池，具有显著的区位优势。

积石民俗村位于临大公路一侧，高大的牌坊门顶写着“积石民俗村”五个金光闪闪的大字，向人们展示着无限魅力，有着独具风格的保安族、东乡族、撒拉族民宅，飞檐翘角的凉亭，咕咕喷涌的泉水，鳞光闪闪的鱼池，宽阔平坦的道路，功能齐全的休

积石山县大墩峡　马学明 / 摄

闲娱乐食宿等设施。

地处积石山县居集镇强滩村西南的吊水峡瀑布，高近百米，飞瀑洋洋洒洒直流而下，似高挂的白练，飞珠溅玉，轰然巨响，十分壮观。瀑底形成当地人称为“滴水岩洞”的一个深洞，不知深浅，成为观瀑探险的不二选择。

积石山还有高山草甸草原——黄草坪，海拔在2300至2600米之间，面积约4.2万亩，西高东低呈东西走向，沟梁相间，山坡较缓，地下水充足，植被发育很好，是积石山县的主要牧场之一。到了盛夏，黄草坪气候凉爽，景色宜人，是避暑休闲的天堂。

大山庄峡位于积石山县刘集乡河崖村，由炼石峡、石缸峡、莫耶峡三部分组成，以山峦壮美、溪水灵秀和植被丰富而著称。

积石山县是中国彩陶王的故乡，具有深厚的文化底蕴。1950年4月在安集乡三坪村三坪遗址，出土了一件马家窑类型彩陶瓮。1954年，这件文物在原中国历史博物馆内一经展出，便以古朴典雅、雄浑优美的造型，精美的制作，绚丽夺目的色彩，被郭沫若命名为“彩陶王”，可说代表了中国彩陶艺术的最高成就。

中国砖雕之乡——临夏县

临夏县位于临夏州西南部、黄河南岸，东与临夏市、和政县、东乡县为邻，南靠甘南州夏河县，西北与积石山县接壤，北隔刘家峡水库与永靖县相望，有汉、回、东乡、保安、撒拉、土、藏、蒙古、哈萨克族九个民族。

临夏县在兰州市和西宁市“1 小时经济圈”内，自古以来是兰州通往甘南州及青海、四川等地的黄金通道，三条高速公路穿境而过，国道省道内外连通，正在建设的兰临合铁路贯穿东西，临夏机场即将落地建设。

临夏县自然条件独特，环境秀美，山清水秀，生态良好，是一片适宜农作物生长的天然沃土，素有“天然氧吧”的美誉。被誉为“万顷塬”的北塬，是全省最大的台塬区和全州最大的自流灌区。县内有大夏河、牛津河、老鸦关河、红水河等九条黄河支流，有三岔坪林场、太子山国家级自然保护区，地形地貌丰富多样。

临夏县兰郎国道北侧有一条山脉叫青龙山，北陡南缓走如龙形，当地人称青龙山，东段突起形如龙头，故名龙首山，2016 年被评为国家 3A 级旅游景区。龙首山寺庙建筑群分上下两院，上院为朝阳寺、灵瑞宫、观音楼，下院为二圣宫。

相传，古代这里灾害频繁，加之连年战乱民不聊生，民众盼望风调雨顺、国泰民安。春秋战国时，四川灌县（今都江堰市）李冰任蜀郡太守期间，他和儿子二郎致力于水利建设。唐武德年间，皇帝敕封李冰父子为龙王，在都江堰修二王庙，求雨消灾十分灵验。临夏跑四川的脚户耳闻目见，颇受感动，公推韩集王家湾的脚户去四川灌县察看地形，并向二郎祷告心愿，深夜偷走李冰之子二郎的木雕神像，来到龙首山修建了二郎庙。后来，这里香火日盛，信众越来越多，龙首山被称为大庙山，成为当地旅游的绝佳去处。

太子山下 张志强 / 摄

县内的太子山，又称太峙山，属于昆仑山—巴颜喀拉山东北边缘余脉西倾山北支，位于临夏与甘南两州之间，海拔在2200～4636米之间，由一系列山峰沟谷组成，主要山峰有25座，海拔超过4000米以上的有公太子山、母太子山、威当山、围子山等。

据有关资料载，太子山的形成要追溯到新生代（约3000万年前），印度板块与欧亚板块相撞导致青藏高原隆升，塑造了西倾山系。太子山山形奇特怪石嶙峋，峰壁嶙峋裸露，也称“露骨山”，是连接中原文化和雪域文化的纽带，为历代兵家必争之地。

1996年6月，当地政府为纪念王震大军抢渡黄河，在莲花镇修建了王震大军抢渡黄河纪念馆。1949年8月，按照彭德怀的指示，中国人民解放军第一野战军第一兵团司令员王震率领南路大军近 10 万人，经过临夏抢渡黄河，西进直捣青海西宁。

馆内园中屹立着写有“黄河不会忘记”几个大字的一座雕塑，高 4.9828 米，寓意渡河时间为 1949 年 8 月 28 日。旁边一座纪念碑正、背面上分别刻着《王震大军抢渡黄河碑记》和《纪念碑建造简记》的文字。2020 年 7 月，该馆被确定为甘肃省第七批中国共产党党史教育基地。修建的连心园，寓意着千里奔袭的解放军和当地人民心连心。

“黄洮交汇”奇观——永靖县

永靖县东接兰州市西固区、七里河区和定西市临洮县，西抵青海省民和县，南隔黄河与东乡县、临夏县、积石山县相望，北邻湟水与兰州市红古区。

永靖县取“永远安定”之意，商周时，为西羌之地，素有“河州北乡”之称。

发源于青海的洮河穿甘南越临洮，从永靖县吧咪山下流过，最后跟刘家峡库区的黄河以一黄一绿两色呈“Y”形交汇。碧绿的黄河与浑浊的洮河接触并未立即汇合，而是保持黄绿两色继续流淌很久，形成极为罕见的“黄洮交汇”奇观。

除了“黄洮交汇”奇观，永靖县还有恐龙足印的奇观，这一奇观可在刘家峡恐龙国家地质公园欣赏。

刘家峡恐龙国家地质公园，在盐锅峡水电站上游 1 千米处的太极湖北岸。公园以成群的恐龙足印为主体。1999 年 7 月至 8 月，古生物研究开发中心的地质工作者来永靖县调查，发现了恐龙足印遗迹。在近 2800 平方米的揭露面上，陆续发现 10 类 172 组 1821 个恐龙足印化石。从某一巨大的足印考证，足印对应的是长 20 米、体重近 50 吨的庞然大物，两步就能跨过一个篮球场。

白垩纪恐龙足印化石的成群发现，在甘肃尚属首次。在同一地点发现如此众多食植物类和食肉类恐龙足印，在国内尚属首次，在世界上也极为罕见。为了保护恐龙足印化石群的科研科普和观赏价值，2001 年 11 月，甘肃省政府批准建立刘家峡白垩纪恐龙足印群省级自然保护区。2001 年 12 月，国土资源部批准兴建刘家峡恐龙国家地质公园。2018 年完成区域内电网、水路、公路、铁路建设，对 2.5 平方千米核心区域进行了围栏保护，修建了水路码头、铁路停靠点等基础设施。

刘家峡恐龙馆位于甘肃刘家峡恐龙国家地质公园内，是专门

刘家峡恐龙国家地质公园 罗玉珍 / 摄

黄洮交汇　董永华 / 摄

展示白垩纪恐龙及其古生物化石的专题博物馆，属于自然类型博物馆，是集科研、保护、展示、科普和旅游为一体的专题博物馆，珍藏着古生物化石及部分岩矿标本，创造了多层面出现、清晰度高、立体感强、保存完整、种类多样、集群式出现六项世界之最，阐明了地质的演变史和生命的演化史。恐龙馆展示的恐龙，类别多样，形态古怪，体躯巨大。这些恐龙在统治地球约 1.6 亿年之后，在距今约 6600 万年前又全部消失，从产生到繁盛到绝灭的整个过程，充满神秘色彩。

2005 年 10 月，刘家峡恐龙国家地质公园对外开放。在已知的食植性恐龙中，牙齿最大的恐龙被命名为“兰州龙”，其骨架复制品在公园内展出。2023 年 11 月，刘家峡恐龙国家地质公园入选 2024—2028 年甘肃省科普教育基地名单。

十万大山汇聚地——东乡县

东乡县全称东乡族自治县，位于临夏州东面，东临洮河与定西市毗邻，西接大夏河与临夏市、临夏县为界，南与广河县、和政县接壤，北隔黄河与永靖县相望，平均海拔 2610 米，东乡族人口占比 87% 以上，是我国东乡族相对集中居住的民族自治县。

1950 年 9 月，东乡自治区成立；1953 年 12 月，改名为东乡族自治区；1955 年，更名为东乡族自治县，并一直沿用至今。东乡县名称中没有使用地名，与大多数民族自治县以地名加民族名称构成不同，而是直接以民族名称命名。

东乡县地貌呈方圆形，以县城锁南坝为中心，四面环水，中间高突，群山起伏，沟壑纵横，六大山梁夹着六条山沟，地质条件极为复杂，自然环境十分严酷，被称为“地球的肋骨”“大山聚会的地方”。

东乡县地质地貌奇特，自然风光独特，有许多值得一提的景点，如泄湖峡、奔驰沟大桥、东大坡森林公园、石拉泉大峡谷、红塔石柱等。

泄湖峡位于河滩镇小庄村、东塬乡塔山村与临夏县河西乡桥窝村、北小塬村的交界处，是河州八大景之一。泄湖峡谷从老虎嘴至泄湖峡口，全长约 5 千米，落差百米之长，河水湍急，瀑布从悬崖绝壁上倾斜而下，有一泻千里之势，似万马奔腾，气势磅礴。

奔驰沟大桥位于折达公路东乡县河滩镇至考勒乡段，也叫刘家峡大桥，南北走向，是西北地区最大跨度的桥梁。桥梁宽度在同规模桥梁中是最窄的，首次采用钢管混凝土结构作为悬索桥桥塔，桥梁全长 568 米，将临夏县、东乡县、永靖县、兰州市串联起来，阻隔的天堑终于变成了通途。

东大坡森林公园位于东乡西南部，距离临夏市 12 千米，森林覆盖率高达 91%。这些绿色的森林，跟周围黄色的土地、红色的丹霞地貌一起，绘成东大坡独有的景观。国道 213 线像一条玉带，蜿蜒盘旋，将东大坡紧紧缠绕。站在山巅举目四眺，黄河水若隐若现，临夏市全景尽收眼底，可领略山峰之奇特、大自然之广袤。

石拉泉大峡谷又称丹霞幽谷，位于东乡县唐汪镇，全长约 5 千米，是国家 2A 级旅游景区。峡谷两岸丹霞山峰峭立，雨水山洪冲刷的季节性河道，使峡谷路面形态多样，沟壑纵横，山环水绕间伴有涓涓溪流，两岸风景瑰丽奇秀，被国内越野爱好者称为临夏的“虎克之路”。

红塔山位于唐汪川，犹如一条巨龙由西向东延伸，将神奇的唐汪土地分为上下两川，红塔寺在百丈红塔岩石上凿成，故名称由此而来。红塔寺始建于南宋末年，后经多次重修。清乾隆二十三年（1758 年）修为上中下三殿，布局合理，规模宏大，气势雄浑。殿内供奉着三大古佛，有古洞壁画和古佛画像。清末民初和 20 世纪 60 年代，寺庙屡遭破坏，后得到地方政府大力支持，征地 5 亩重建，使昔日的红塔寺重现气势，成为重要的佛教文化胜地。

东乡族有自己的民族语言，当地人叫土话、蕃话等，没有本民族文字。但是，东乡族有自己的叙事长诗《米拉尕黑》。《米拉尕黑》又名《月光宝镜》，大约明代时产生，在东乡族民间口耳相传，已有 500 多年历史。据文字记载，《米拉尕黑》最早保存于清真寺或拱北的小经文碑帖和古籍“拜提”中。20 世纪 50 年代，由作家赵燕翼以散文体形式整理出来。

《米拉尕黑》讲述了一个动人的故事。青年猎人米拉尕黑与玛芝璐姑娘，在不同地点的夜空下同时仰望月亮。米拉尕黑拉弓箭射月，一片月亮掉落下来，米拉尕黑得到了月光宝镜，他看到镜面上玛芝璐的面容，一见倾心，产生了爱慕之情。在智者的引领下，米拉尕黑离开家乡找到玛芝璐，以月光宝镜定情，两人商

《米拉尕黑》主题雕塑 马学龙 / 摄

量准备结婚。婚期将到时，康图城里传来敌军进犯的消息，米拉尕黑顾全大局，保家卫国，告别未婚妻玛芝璐，勇敢走向战场，奋力杀敌。

几年后战事已经平息，玛芝璐却受到恶少马成龙的蛊惑，失去了记忆，无奈将要委身下嫁。此时，米拉尕黑连做了三个怪梦，在伍宦姆山中老人的帮助下，了解到玛芝璐遭受了不幸，于是想着营救，立即回归。伍宦姆老人被米拉尕黑的真诚打动，教给他营救玛芝璐的办法。米拉尕黑攀上悬崖得到雪马，骑马飞至，从强盗手中救出了玛芝璐，两人终成眷属。

《米拉尕黑》现有版本较多，在故事情节和人物设置上有所差异，但都以爱情为主线，反映了东乡族人民不屈不挠的奋斗精神和向往和平、追求自由幸福生活的理想，具有很强的艺术魅力。2008 年 6 月，《米拉尕黑》被列入国家级非物质文化遗产名录。

CHAPTER 03

临夏的自然风光

黄河牛鼻峡 孔令瑞/摄

临夏州地处黄土高原与青藏高原、中原农区与西部牧区过渡地带，地势西南高东北低，由西南向东北递降，多山谷少平地，呈现倾斜的盆地状态，地形复杂多变。黄河及其支流贯穿临夏州全域，为临夏州提供了丰富的水源，形成多样的河谷。临夏州属于温带大陆性气候，不同季节风光迥异，四季分明。这种复杂多变的地形地貌和四季分明的气候特征，造就了临夏州丰富多变的自然景观：既有高原山丘，也有河谷盆地；既有高山森林草甸，也有河谷灌木丛。此外，临夏州地质遗迹丰富，历史悠久，为研究地球演变提供了宝贵资料。

中国的“西崆峒”——莲花山

莲花山位于甘肃中南部的康乐、临潭、卓尼、渭源四县交界处，主峰海拔 3578 米，是陇西名山，藏传佛教和汉传佛教胜地，同时也是道教胜地，被称为“西崆峒”，是洮岷花儿的故乡，黄河一级支流——洮河重要水源涵养区之一、野生动物自然保护区。1983 年，甘肃省人民政府批准成立甘肃省莲花山自然保护区管理局，2003 年 6 月，莲花山自然保护区晋升为国家级自然保护区。

莲花山由裸露的石灰岩构成，呈鳞形断层，尖峰乱耸，形似莲花叶瓣，中顶平圆，山峰酷似绽放的莲花，故而被命名为莲花山。主峰南北宽约 2 千米，东西长约 4 千米，山形奇特，危崖千仞。

莲花山玉皇阁 谢新龙 供稿

从康乐县前往莲花山，沿足古川而上，经撮峡口到山神庙村，就可看到莲花山北坡。过瓦扎坡、火烧洼到捷路口，就到小麦积崖，亦称鸡嗉子。继续前行就到唐坊滩停车场，能看到翩翩起舞的三仙女塑像。沿北面莲花宝殿拾级而上，可分别看到观音殿、头天门、三星洞、飞龙桥、二天门、三天门、四天门，还有灵官殿、紫霄宫、舍身殿、娘娘殿、龙宫殿、牛王庙、马王庙、药王庙、转角楼等古建筑群。沿紫霄宫分路向左攀登，依次经过磨针殿、吴家庵、独木桥、上天梯、好汉坡、西天门、打儿洞、金顶、迎宾阁、太白殿、财神阁、八仙石、北天门、文昌阁、夹人巷、王母殿，最后到达玉皇阁峰顶。

登临顶峰，可看到定西市、临夏州、甘南州三地的六县（渭源、临洮、康乐、临潭、卓尼、夏河）地界和洮河、冶木河，及九甸、黑甸之古栈道。

原建的佛教寺庙莲花宝殿，毁于1943年。1985年募资重建，使其掩映于绿树丛中，有深山藏古寺之妙趣。殿内挂有诸多名人匾额、楹联。全国政协原副主席、全国佛教协会原会长赵朴初题写的“莲花宝殿”四个大字，甘肃省书法家协会原主席黎泉题写的“莲花寺”及顾子惠、何聚川、黎凡、黄公翁等名人的楹联，更为莲花宝殿增添了光彩。

从玉皇阁北下，约300米处有一处神奇的山顶溶洞，名曰水帘洞。洞的南北方向分别有两个门，北门稍大，直径3米多，南门仅容一人侧身而出，洞深约14米，高宽各4米。洞内光线阴暗，岩壁倾斜，状似帐篷，洞顶常有清水渗出，哒哒滴落而下，聚成水池。就是到了炎夏，洞内凝成的冰块也不融化，成为六月伏冰的奇观，饮洞内之水清洌止渴。洞内常有大雾漫出，可以此预测天气变化。洞前山峰似一尊石佛静坐，像在看守洞门，人称石佛守洞。

莲花山俗称西崆峒，传说上古时期，广成子游遍名山，最后羽化于莲花山。据资料载，古代共有五处崆峒山：中崆峒位于苏州，西崆峒位于临洮，南崆峒位于虔州，北崆峒位于平凉，东崆峒位于临汝。相传黄帝时期，广成子曾游历这五座崆峒山。如今的莲花山，正是古时称为“西崆峒”的地方。此山高耸入云，群山环绕如朝拜，洮河如丝带般蜿蜒在山脚，白石磊落形成天然屏障。左侧有金童峰巍然矗立，右侧有玉女峰秀美端庄，每一处山峰沟壑都充满奇景，每一片崖壁尖顶皆显灵秀。烟霞弥漫于幽谷，青翠铺满山峦，龙泉吐露水珠仿佛献瑞，悬空仙桥似架于云端。即便是天台山、王屋山这样的名山，也不过如此；琼秀的华山与金华山，也难掩此处风华。此地实为神圣的福地，仙家栖居的洞天，难怪广成子会选择在此隐居。

据传，在宋元以前，莲花山举办一年一度的花儿会，三仙女的传说久久传扬。每年农历六月初一至初六，武都、临潭、卓尼、临洮、渭源、和政、康乐等地的人们穿红着绿，结队成群，漫游于溪水之滨、羊肠石径之间，形成宛若游龙的人流，用明快高亢的歌喉，唱着花儿。

临夏的“小瑞士”——白桦林

白桦林在康乐县八松乡烈洼村，在国道310旁，距省城兰州140千米，距康乐县城24千米，因长有许多白桦树而得名，为国家4A级旅游景区。

这里的白桦树，高达二三十米，极为茂密，耸入云端，遮天蔽日，吸引着许多游人。白桦树躯干高挑，挺拔秀美，叶片妩媚动人，无论春夏秋冬都给人留下深刻的印象。白桦树既不像长青的苍松，也不像柔韧的垂柳。白桦树总是穿一身素装，静立于山坡，淳朴清纯。

景区内设有景观湖、观景平台、1000米的生态观光步道、特色木屋、生态休闲凉亭等观光设施，也有水上运动、林间观冰滑雪、森林探险、冰雪迷宫、雪地自行车、雪上碰碰车等娱乐设施，吸引着游客赏景观光、摄影绘画、避暑休闲、滑冰玩雪，享

康乐县白桦林远眺 谢新龙 供稿

受大自然的美景。

盛夏时节，临夏本地及兰州、甘南、定西等地的游客来游玩。绕过红色木屋，走过林荫小道，就能看到几座别致的小桥，听到哗哗的水声，眼前是大片桦林。远远望去，白桦树郁郁葱葱，默默生长。路边的桦树如亭亭玉立的女子，挽着手臂，夹道迎接无数来客。一阵风轻轻吹过，椭圆顶尖锯齿状的片片叶片，鼓起哗哗拍响的手掌，声音传得很远。

沿着防腐木栈道走不远，就看到“爱情路”的标示，某些阶梯石板上写有不少爱的语言。游客顺着“一生一世”路标继续前行，就到“十全十美”处，寓意心中美好的愿望或渴望达到的目标顺利实现。沿着“不离不弃”路标走一阵，就到了“相濡以沫”石板的位置，寓意对爱情的忠诚，对共同目标的追求。

美丽的白桦林，象征着纯真无邪的爱情，使多少慕名而来的游人，看到这些标识就想起逝去的青春年华、曾经甜美的爱情，同时想到韩磊的歌曲《天上有没有北大荒》中“高高的白桦林里，有我的青春在流浪”的歌词。

深秋渐冷时，寒风呼呼刮着，早晨降下一层白霜，白桦树的叶子由绿变黄、变红，那么醒目，惹人喜爱。一阵大风刮来，桦树叶片哗哗作响，似在诉说着千年的情话，传达着彼此的秘语。

成年的游人带着儿童尽情玩耍，在桦林里赛跑捉迷藏，在山上捡蘑菇，在草坪上讲故事，全忘了旁边的人。在林中飞东飞西的鸟儿，这里啾啾那边喳喳，似在为玩耍的儿童伴奏，又为休憩的人们播放清脆的音乐。

在僻静的半山腰上，常见外地的画家，是兰州或西宁的，说一口标准的普通话，身穿多兜马甲，戴着黑框眼镜，支起大大的

康乐县白桦林 谢新龙 供稿

画架，对着眼前画纸，时而持笔画着，时而站立遥望，看构图哪里不合适，墨色是浓是淡，希望画得更好。不少摄影师拿着“长枪短炮”，选择最佳角度拍摄。更有无数人拿着手机给同伴拍照，留下美好的记忆。

冬天大雪飘落，桦树枝条变成根根银条，到处白茫茫一片。在阳光的映射下，冰天雪地，银装素裹，如梦似幻。游客像是进入白色的王国，置身于冰雪世界里，别有一番情趣。

栈道旁的树木，变成形状各异的冰雕，挂着一根根冰棍，晶莹剔透，纯洁无比。用手轻轻摸摸，溜滑溜滑的，一阵寒意瞬时通过手指传至心头，让人觉得身上更冷。穿着艳服戴着手套的儿童或少女，欣喜地捧起冰棒把玩，拍照留影，发出愉快的笑声。

到了夜晚，可以观冰屋、赏冰灯，进入迷幻的彩色世界，享受冰雪带来的奇异体验。那些雪路爬坡、滑冰车、雪地坦克、冰道滑雪等娱乐项目，带来身心的刺激，让游客在畅快的游玩中，变得轻松愉快起来。

和政的“须弥岩”“笔架山”——松鸣岩

在和政县城以南 23 千米处的太子山国家级自然保护区，有一处国家 4A 级旅游景区——松鸣岩。松鸣岩奇峰高耸，古松参天，云雾缭绕，流水潺潺，与太子山遥遥相望。阵阵大风吹来，峡谷中似有万马奔腾，松枝呜呜鸣叫，故名松鸣岩。

据调查，松鸣岩景区有各种乔灌木 200 多种，野生花木 174

松鸣岩雪景 朱旭龙 / 摄

种，野生药材 205 种，有经济和观赏价值的野生果品 10 多种，有“绿色植物王国”之称。

景区由西方顶、南无台、鸡冠峰三座巨大的山峰构成，突兀挺拔，形似巨型的笔架。相传，神笔马良每次做完画后，便把神笔搁置于此，故又称“笔架山”。在南无台悬崖有一段人凿横道，被称为天桥。在天桥悬垂的石崖间，长有一棵形状奇特的马尾松，称万年松。过天桥北走数十米便到一线天胜景。沿一线天拐过“之”字山道一直向南，就到了仰天池，水自石崖汩汩渗出，清澈见底，常流不断。

在观音殿有处奇特的神泉。相传，这眼神泉乃观音菩萨玉净瓶中的甘露所化，自莲花宝座底下渗出，盈而不溢，涸而不竭，水质清洌，极为神奇。数百年来，附近民众争相饮之，祈盼美梦

松鸣岩鸳鸯湖 朱旭龙 / 摄

成真。

松鸣岩有幽寺钟声、大殿雄姿、松鸣飞瀑、拜殿秀色、百鸟朝凤、松鸣塔、鸳鸯湖、夫妻树等景观。最有特色的是千奇百怪、各具风姿的古松，如孔雀开屏，似掠鹰腾空，像扇面铺展。有形似葫芦的葫芦松、树根相拥的连理松、双臂伸展的迎客松、心照不宣的同心松，有根茎交错的“群龙赴会”、雍容华贵的“华盖千年”、悟出禅理的“千佛手”、傲然耸立的“擎天柱”等，形状各异，千姿百态。松鸣岩四处长着云杉、冷杉、马尾松等，古木参天，四季青翠，故有须弥翠色之名。

据文献记载，松鸣岩佛寺是在明永乐二年（1404 年）至正统二年（1437 年），河州都督刘昭自捐俸银，同时也倡导民众捐钱而建的。清同治年间，建起大殿、二殿、三殿、玉皇阁、圣母宫、南无台、西方顶等殿宇，后毁于战乱，到 1929 年建县时，无一处保存下来。

后来，当地人在原址上重建了大殿、独岗寺、山门、玉皇阁、娘娘殿等建筑。重建的佛寺融入具有民族特色的木雕和彩绘艺术，镶嵌于高高的悬崖绝壁上，掩映于苍松翠绿间，气势雄伟，古朴壮观，佛事活动随之兴盛。每逢盛会，香火不断，吸引周围的信众念经拜佛，祈求天下平安。

1992 年，松鸣岩景区被林业部命名为国家森林公园。2000 年，被甘肃省政府定为省级风景名胜区。2004 年 10 月，被中国民间文艺家协会确定为中国花儿传承基地。2006 年 5 月，松鸣岩花儿会被列入国家级非物质文化遗产名录。目前，松鸣岩景区是国家 4A 级旅游景区。

东方瑰宝，高原史书——桦林万兽谷

在和政县以南 16 千米处，有一个叫桦林万兽谷的景点，地下埋藏着数量惊人的古生物化石，因年代久远，种类繁多，吸引着无数游人来探寻古生物王国的秘密。

桦林万兽谷景区由桦林古动物化石埋藏原址馆、地质剖面、国家地质公园主碑广场三部分组成，是考古发掘、探秘历史、研究文化、了解生命进化轨迹的首选之地，是镶嵌在兰州至九寨沟旅游线上的璀璨明珠。

来到万兽谷景区，可以看到世界地质公园主碑，主碑展现和政古生物化石六项世界之最和四大古动物群化石埋藏地层的基本

和政古动物化石博物馆 朱旭龙／摄

正在举办活动的桦林万兽谷 朱旭龙 / 摄

状貌。主碑基座四周刻着四大动物群生活复原画面，展现远古时期古动物群繁衍生息的场景。古动物化石埋藏原址馆、地质剖面、国家地质公园主碑广场，也是临夏地质公园的重要组成部分。临夏地质公园是联合国教科文组织公布的世界地质公园。该地质公园总面积达 2120 平方千米，由黄河三峡、炳灵丹霞和松鸣岩—古生物化石地质公园三个园区组成。这里地质遗迹类型丰富多样，拥有地层剖面、古生物化石、地质构造、地貌景观、水体景观、环境地质遗迹六大类地质遗迹。

要想了解古动物化石形成与发掘的过程，可以从桦林古动物化石埋藏原址馆开始。该馆建筑面积近 10000 平方米，螺旋状设计的场馆造型，凸显出生命回响的主题。主展区有序厅、原始埋藏区、超大型屏幕、地质剖面、青少年科普活动区、化石开采洞体验区、标本储藏区等，主要展示三趾马古动物化石原始埋藏状态，揭秘青藏高原历史、生态环境变化和古动物群的演化过程。

走进馆内，仿佛置身于三趾马群中，恍惚中好像能听到群马嘶鸣，能看到铲齿象迈着脚步。半掩在泥土中的洁白躯壳，裹着生命的信息，拉近了观赏者和史前时代的距离。游客参观图文介绍、景观复原图、沙盘模型，及声、光、电等现代数字信息，目睹埋藏地的宏大场景，了解几千万年以来青藏高原的历史演变、生态环境变化、古动物群的演变过程，可以感触到生命的历史回响，思考人与自然相处的规律。

在土板展柜，游客能近距离感受和政四大动物群，即距今约 3000 万年的巨犀动物群，距今约 1500 万年 ~1200 万年的铲齿象动物群，距今约 1160 万年 ~530 万年的三趾马动物群，距今约 200 万年的真马动物群。三趾马动物群储量最为丰富，桦林万兽谷是其代表性产地。

在豕脊齿象展柜，游客可以看到距今约 1900 万年的一对豕脊齿象牙化石，长度分别为 3.5 米和 2.9 米，牙根直径为 24 厘米，体积比某些动物的头骨还要大。如果将其复原，可以想象当时豕脊齿象究竟有多大，每天得吃多少食物。什么样的环境，才能孕育出如此庞大的动物啊！

来到三趾马展柜，游客会发现三趾马的蹄子有三个脚趾，与平时看到的马蹄不一样。这里的三趾马动物群化石储量、头骨化石标本数量，均为欧亚大陆之首，超过世界上三趾马动物群化石最经典发现地——希腊的皮克米和萨摩斯。

桦林原始埋藏区展露的面积，达 10000 多平方米，化石数量巨大，种类繁多，要想了解其产出状态、发掘种类、采掘过程，就要去化石开采洞了。

化石开采洞一般高 0.7 ~ 2 米，深 6 ~ 300 米不等，洞壁上随处可见各种化石，或大或小，时隐时现。化石埋藏于黄褐色粉砂层中，上面盖着红褐色粉砂质黏土。这红褐色和黄褐色相间的原始埋藏区，俗称红石板，红石板里化石埋藏方式独特，极为罕见，被古动物学界誉为东方瑰宝、化石宝库。

在漫长的地质年代，地球上的无数生物，都被泥沙掩埋变成了化石，成为古生物学研究的对象，为生命史提供了重要的证据。

鲁班石传说地——石海

古冰川遗址石海，在积石山县太子山山麓以南的山脚沿线，民俗村西南侧，积石大峡口约 5 平方千米的冲积扇上，由许多大大小小的冰川漂砾构成，距积石山县城 3 千米左右。

稍有游兴的游客或考古爱好者，若是来临夏旅游，都要去探访古冰川遗址奇观，了解远古时期多变的气候，感触大地沧海桑田的变化。

宽阔的荒草滩，布满无数白色的石头，奇形怪状，或卧或立，有大有小，或像划动的小船，或像静卧的绵羊，或像嬉闹的白猴。这些散布的石头，如无数浪花汇成的海洋，故被称为石海。

游人从县城出发，乘车穿过积石山民俗村的山门，沿水泥硬化的山路行驶，可以看到路边河沟里到处是石头，在流水中时隐时现，不久，就到古冰川遗址石海风景区了。状如大象的一块巨石高高矗立，由许多石块砌筑而成，刻有红色的“石海风景区”五个大字，前二字大后三字小。

离巨石不远，透过丛生杂树的遮挡，看到一块天然石上写着红色的“鲁班石”三字，石高 3.1 米，长 8.3 米，宽 5.4 米，是

积石山县石海风景区的鲁班石 李亚龙 / 摄

石海风景区 李亚龙 / 摄

石头中最大的了。鲁班石西边有块较小的椭圆形石头，光滑的表面涂有白染料或油漆，刻着鲁班石传说的文字。许是长期风吹日晒雨淋，字迹或隐或现，不仔细看是辨不清楚的。

关于这些白石的来历，有这样一个传说。相传很久以前，炳灵寺已名扬天下，且商贾云集，香火鼎盛，但通往炳灵寺的道路崎岖艰难，人们要用筏子摆渡过河。黄河水急浪高，筏翻人亡时有发生。鲁班见此情景，决心在黄河上架一座桥。他沿积石山麓寻找到了很多筑桥的上等石料，这些石料如何运到炳灵寺旁的黄河岸边呢？他冥思苦想多日。一天深夜，神灵托梦给他，何不赶着羊走山川呢？此法让鲁班惊喜若狂。凌晨，他施法力，点石为羊，慢慢地在途中行进着。农历五月初五拂晓，他赶着“羊群”途经石海这一带时，被一个早起担水的村姑发现。村姑望着这满川道的“羊”，惊奇地大喊：“快来看啊，哪里跑来了这么多的羊啊！”话音未落，“羊”瞬间变成了石头，纹丝不动。鲁班见此情景，长叹一声，瘫坐在一块石头上，留下了深深的坐痕，至今仍清晰可见。

听完这个传说，相信很多人心里像被什么堵住了，不舒畅得很。这个村姑只管担水回家生火做饭，干分内的事就行，何必要在大清早多嘴管闲事呢！不知兴头上的鲁班当时什么心情，此后是否想出了好法子，运走了石头呢？黄河上的大桥究竟架成了没有？

积石山县石海 李亚龙／摄

环顾四周，这些白石头不知待了多久，经历过怎样的风霜雪雨和岁月变迁。路边牌子上的文字介绍，这些石头有几千年的历史，是珍贵的冰川地质遗迹。由此可知，在很久以前，这里终年积雪，是严寒封冻的冰川地带。厚厚的冰川受到强烈挤压，急速前进，切割山谷两旁的石头，缓缓带往下游，去到很远的地方。后来出现温室效应，天气变暖，冰河退缩，巨石留在河道和两旁山坡上。眼前出现的这幕，就是这样形成的。

《尚书·禹贡》记载，大禹从积石山开始疏导黄河，一路向东到达龙门山，最终使河水通畅地流入大海。《山海经·海内西经》记载，黄河发源于东北方向，先向北流，随后转向西南注入渤海，接着又流出渤海之外，向西再折返向北，最终汇入大禹曾疏导过的积石山所在水域。这些资料证明，这里是大禹治水的治理起点。大禹改变之前治水的策略，开凿积石山体，拓宽峡口，疏通河道，让水更快地通过。

游人可能会想，这满山满坡的石头，可能是大禹挖山开路、疏通渠道，挖出来丢在河滩上的。据地质专家考证，这些冰川遗址形成的石海，约是第四纪末期冰川留下的产物，距今约有 1 万年至 1.2 万年时间。那时气候极为寒冷，普遍存在积雪冰冻现象。降落的积雪无法迅速融化，经过多年层层积压结成冰块，厚达几百米甚至上千米。

后来气候变暖温度上升，冰川逐渐消融，巨大的水流带着无数巨石，自上而下漂移，挤压碰撞沿岸岩基和石块，形成奇特的冰川漂砾磨光面、冰蚀坑和羊背石，造就石海的奇观景象，是典型的冰川漂砾，具有重要的科考价值。

大西北的“西双版纳”——大墩峡

大墩峡景区位于甘肃省积石山县，青海省循化县、化隆县、民和县四县交界处的大河家，是国家4A级旅游景区。这里光照充足，植被茂盛，空气清新，气候宜人，周边没有厂矿企业污染，是天然氧吧，有汉、保安、东乡、回等民族繁衍生息，大家和睦相处。

景区由叭口沟、湾架山、注洼沟三部分组成，是大禹治水的地方，大禹“三过家门而不入”的故事在这里广为流传，有着浓厚的大禹文化。这里不少的峡谷和大小山豁，许是大禹治水留下的。

古时，担当大任的大禹，穿行于积石山茫茫烟雨中，或坐下歇息，或苦思冥想，或健步如飞，为治水奔忙。大墩峡的禹王泉、禹王洞、禹王石、白崖风洞等景点，大禹斩蛟崖、骆驼石、天下第一石崖、禹王庙等遗迹，都跟大禹导河积石有关，充满神奇的色彩。

景区由Y字形的四条山峡组成，峡内重峦叠嶂，栈道纵横，灌木丛生，花草遍野，山泉潺潺，飞瀑直流。古老的变质岩景观，有着奇、险、幽的特点。

这里生长着某些适宜南方生长的植物，枝繁叶茂，种类繁多，装点着自然，被专家学者誉为青藏高原的西双版纳。紫丁香、杜鹃等漫山遍野生长，花开时节，一片姹紫嫣红。全国较为稀有的红桦、华山松等植物，也已适应了当地气候，静静生长。

景区内峡谷陡峭，山势险要，主峰黑大山海拔3300米。峡中的 5 条大小河流、20 多挂瀑布、无数山泉，在悬崖峭壁和深谷间潺潺流动，轰然作响，似无数野兽怪叫。

景区设有玻璃天桥、高山滑道、水上划船、5D 电影、射箭等设施和娱乐项目，还有保安族农家乐、避暑山庄等休闲项目。玻璃天桥是玻璃式空中吊桥，横跨大峡谷，雄奇险峻，极其壮观，曾被称为“西北第一桥”。桥身用特殊的玻璃契合技术建成，长 180 米，宽 2 米，离谷底近 100 米。渴望探险和体验高空刺激的游客，站在桥中间，脚下风景尽收眼底。若是漫天大雾天气，人如在云中漫步，有腾云驾雾之感。

跟玻璃天桥类似的娱乐项目玻璃滑道，全长 700 多米。这条光滑透明的玻璃滑道，底面和两侧都是玻璃，在怪石嶙峋的河上呈 S 形转弯，曲折蜿蜒。

积石山县大墩峡 李亚龙 / 摄

积石山县大墩峡的水流瀑布 李亚龙 / 摄

玻璃滑道建在山坡，从太阳广场启动，自上而下滑去。游客坐在气垫船和皮划艇上，慢慢下滑，玻璃外的松树、蕨菜、飞舞的蝴蝶、振翅的甲虫，在眼前一掠而过。悬崖长着的华山松，伸出手臂，似在欢迎远道而来的游客，又像为玻璃滑道里的人们遮风挡雨，带来呵护。置身于玻璃滑道，像进了空中花园走廊，被绿色环绕，带来无限的刺激和快感。

景区内，有悬挂于高山的碗架山瀑布和鸡腔石瀑布。碗架山瀑布从悬崖峭壁汩汩渗出，飞流直下，落差达 80 多米，宛如一条巨龙，奋力向下扑去，隆隆的轰响声在整个山间回荡。

鸡腔石瀑布由众多小瀑布组成，或宽或窄，有大有小，高低不同，在不同的山坡发出大小不同的响声，似水声演奏的大合奏，抑扬顿挫，常年奏响，增添了峡谷的幽深空旷。

大雪纷飞的冬天，大墩峡有着别样的景致，冰瀑、冰雕、冰挂、雪雕形成独特的奇观，吸引人们争相观看。雪后，山坡上、树枝上、栈道上、天桥上，都是一片银白，成为白雪的世界。可以说，来大墩峡的人，一定会有不同的感受。

临夏的高峡平湖——黄河三峡

黄河三峡风景名胜区，位于临夏州内，横跨临夏县、永靖县、东乡县、积石山县，素以刘家峡水电站、炳灵寺石窟闻名于世，是甘肃省十大热门景点之一，有“南有长江三峡，北有黄河三峡”之称。黄河呈“S”形流经县域，形成炳灵峡、刘家峡、盐锅峡三大峡谷景观，总面积 214 平方千米。黄河三峡风景区，风光秀美，名胜古迹众多，自然风景与文化交相辉映，是一处内涵丰富、特色鲜明的旅游胜地。

黄河从积石山奔涌而出，进入寺沟峡，其寺为炳灵寺，故此峡又名炳灵峡。“炳灵”为藏语音译，意为十万佛，炳灵峡是十万弥勒佛居住之地，亦即“十万弥勒佛洲”之意，相当于汉语的“千佛山”“万佛洞”。

在炳灵峡上游，建有我国首座利用库尾建坝的厂顶流溢式水电站——黄河炳灵水电站。该电站的建成，使滔滔黄河在永靖县内形成了一个硕大的高原人工湖——炳灵水库，总库容 4794 万

黄河三峡之刘家峡大坝 侯奇志 / 摄

立方米。从电站码头坐快艇逆流而上，向湖深处驶去，两岸风光尽收眼底，宛如一幅水墨山水画，真有“舟行碧波上，人在画中游”之感。

黄河流出炳灵水电站，因地势落差，变得更为汹涌湍急，极速奔涌，滚滚而下。若是乘坐小舟，可见两岸奇山异峰，似刀削斧劈，巍峨峻峭，峭然陡立，与炳灵丹霞石林连成一片，显出大自然的鬼斧神工。宽阔的河面上，碧波荡漾，浪涛越过险滩，匆匆奔涌。

刘家峡位于永靖县中部，东临三条岘乡，南连岘塬镇与东乡隔河相望，西接太极镇，北靠盐锅峡。这里最著名的是刘家峡水库和刘家峡水电站。刘家峡水库东起刘家峡大坝，西至炳灵寺峡口，南接东乡县、临夏县，北连永靖县，湖岸线长 55 千米，水面最宽处 6 千米，水域面积 130 多平方千米，处于高原峡谷，

碧波万顷的炳灵湖 杨敦 / 摄

黄河三峡之炳灵峡 刘强庶 / 摄

被誉为“高原明珠”。

黄河发源于青海高原，上游水流清澈，只是到了中游的黄土高原，汇入许多泥沙后，河水才变得浑浊。刘家峡水库的水，有清楚的一条分界线，一边黄浊一边碧绿，究竟怎么回事？原来是清澈碧绿的黄河水和带有大量泥沙的洮河水汇合后造成的。

刘家峡水电站，是我国第一个五年计划期间，自己设计、自己施工、自己建造、自己安装、自己管理的首座百万千瓦级大型水电站，总装机容量 122.5 万千瓦。水电站于 1958 年 9 月开工兴建，1961 年因自然灾害停工，1964 年复工，1974 年顺利竣工，成为黄河上游开发规划中的第七个阶梯电站。

电站大坝高 147 米，像 40 多层的一座大楼，巍然矗立在汹涌的黄河之上。厂房建在大坝下、山体中，似童话中的一座神奇宫殿。1995年5月，刘家峡水电站被定为全省爱国主义教育基地。2004 年 7 月，被列为全国首批工业旅游示范点。

黄河出刘家峡大坝转弯向西呈“S”形流去，形成了状如太极的湖泊，湖泊故名太极湖。太极湖有大小岛屿 9 个，芦苇郁郁葱葱，太极湖栖息着天鹅、灰鹅等鸟类 38 种，候鸟 2 万多只，总面积达 4000 亩，有千亩之多的芦苇荡，是甘肃著名的鸟岛，黄河上游最大的自然湿地。岛上碧水如镜，鲜花开放，银鲤跳跃，鸥鸟飞翔，构成了一幅美丽的画卷。1995 年 1 月，甘肃黄河三峡湿地自然保护区成立。

建于 1958 年 9 月的盐锅峡水电站和刘家峡水电站一道，成为黄河三峡标志性景观。

美丽的黄河三峡，因其特有的风情神韵、丰富的文化内涵和得天独厚的山水风光，成为一处独具特色的旅游风景区。

CHAPTER 04

临夏的历史遗迹

炳灵石林 吴小平 / 摄

远在大约 15000 年前，临夏就有人类活动，留下了许多丰富珍贵的历史遗址。

锁南镇下王家遗址的发现，填补了临夏州内没有旧石器遗存的历史空白。临夏新石器时代文化遗迹众多，有文物遗址点 829 处。7 处全国重点文物保护单位中有 5 处为新石器时代遗迹，分别为半山遗址、边家林遗址、林家遗址、齐家坪遗址、新庄坪遗址。

临夏依托遗迹优势，形成了独特的彩陶文化，获得“彩陶之乡”的美誉，出土了享誉全国的“彩陶王”、史前三大名盆之一的马家窑类型弧线水波纹彩陶盆，被誉为“中华第一刀”的马家窑文化青铜刀，被誉为“天下第一镜”的齐家文化青铜镜。同时还有丰富的齐家文化玉器，如玉璧、玉璋、玉琮等，形成了特色鲜明的玉文化体系，立于中国史前三大玉系。

临夏史前文化脉络完整，历史文明灿烂。炳灵寺石窟是古代灿烂文化的见证，东公馆和蝴蝶楼是传统民居艺术的集大成之作。

世界文化遗产——炳灵寺

炳灵寺世界文化遗产旅游区，在中国傩文化之乡、水电之乡、工匠之乡的永靖县，由炳灵寺石窟、炳灵石林、炳灵湖三大区域组成。炳灵寺石窟是国家重点文物保护单位，2014 年被列入世界文化遗产名录。

炳灵寺石窟

炳灵寺石窟，在永靖县西南约 40 千米处的黄河北岸、积石山大寺沟西侧的崖壁上，历史极为悠久，自古以来就是佛教圣地，也为道教圣地，有 1700 多年的漫长历史。

石窟于西晋初年（约 3 世纪）开凿，正式建立于西秦建弘元年（420 年），上下四层，最早称唐述窟，是羌语“鬼窟”之意。唐代称龙兴寺，宋代称灵岩寺，明永乐年后称炳灵寺。北魏郦道元《水经注》对炳灵寺有记载，说在黄河峡谷旁的悬崖边有两处洞窟：一处名为唐述窟，高达四十五丈；向西两里处，另有一处时亮窟，高一百丈，宽二十丈，深三十丈，洞内藏有五箱古代书籍。

石窟分上寺、洞沟、下寺三处，洞窟层层叠叠，栈道曲折盘旋，分布于大寺沟西岸长约 200 米、高约 60 米的红砂岩上。有窟龛 183 个，石雕像 694 身，泥塑 82 身，壁画 1500 多平方米，崖面特征是以石雕为主，中原文化风格的石刻占重要地位。唐代弥勒坐佛高达 27 米，最小的雕像 10 厘米。

西秦建都河州期间，统治者御驾亲临石窟，挥毫题词，真迹尚存于岩壁之上。自公元 420 年凿窟开始起，一直到宋代，对汉传佛教的净土宗、华严宗和禅宗产生了较大影响。

在隋代，炳灵寺石窟成了过往商船的停泊之处，是古丝绸之路南去吐蕃的必经之地。经济的发展，多民族文化的交融，使炳灵寺石窟的内涵更为丰富。元末明初，藏传佛教中的黄教（格鲁派）传入炳灵寺。石窟承袭前代艺术，又吸收融合外来佛教艺术，以新的理念、高超的技法，提高雕塑艺术水平。

炳灵寺石窟大佛 周永平 / 摄

炳灵寺石窟雕塑（一） 李国良 / 摄

炳灵寺石窟雕塑（二） 李国良 / 摄

炳灵寺石窟为典型的石雕像、浮雕佛塔和密宗壁画，与莫高窟和麦积山石窟并称为甘肃三大石窟。西秦时，169窟雕像中塑有无量寿佛、观世音菩萨、大势至菩萨及北壁正中的大立佛。石窟的壁画数量虽然不多，却反映了十六国时期西北地区的音乐舞蹈、装饰艺术以及社会风貌，具有重要的价值。

石刻造像时代不同，风格各异，却都采用了以形写神、形神兼备、重在写神的传统技艺，是佛教观念、信仰、情绪的物化艺术形式。其造型和雕饰，既笼罩着神秘的宗教气氛，又富有现实的生活情趣。

炳灵寺石窟因其特殊地质构造，加上纵横的峡谷、林立的山峰、高耸的石柱及丹霞地貌，形成了雄奇壮美的炳灵丹霞地质公园。

炳灵石林

炳灵石林在永靖县城西南35千米处的小积石山，南邻黄河，属新生代早期白垩纪紫红色细砂岩堆积而成的丹霞地貌。地质遗迹景观秀美，规模宏大，内涵丰富，有不可估量的科学、美学、生态、民族文化价值，2007年被甘肃省国土资源厅批准为省级地质公园。

北魏郦道元《水经注》这样描述炳灵石林：“河北有层山，山甚灵秀，山峰之上，立石数百丈，亭亭桀竖，竞势争高，远望嵺嵺，若攒图之托霄上。”明代大学士解缙游览后挥毫写下《题炳灵寺》：“炳灵寺上山如削，柏树龙蟠点翠微。况有冰桥最奇绝，银虹一道似天梯。”

这里的许多奇石怪岩，传说是远古大禹治水、导河积石搬运

形态各异的炳灵石林 董永华 / 摄

来的。传说归传说，这里的险峰峭石，确是形态各异，变化多端，兼有南方之秀和北方之雄，比桂林山水有着更多的变化。

石林掩映着刘家峡水库的浩淼碧波，呼应着石窟的历史烟云，兼有大西北的雄浑和江南的柔美，透漏着自然的千变万化和神秘的宗教气息。这里千峰林立，万壑争奇，仰首山巅，有千米之高，云梯似的石径若隐若现，可谓是“高山仰止已无路，曲径通幽别有天”，“横看成岭侧成峰，远近高低各不同”。

进了鬼斧神工的炳灵石林，仿佛走进了童话世界，又像重游奇幻的梦境：有仰天长鸣的骆驼，有直冲云霄的擎天柱，有登高望远的情人，有西域取经的僧侣，可谓“丹山拔地起，碧水环峰游，峰峰奇中奇，石石异中异”。有人说，若把炳灵寺石窟比作

鬼斧神工的炳灵石林 王飞华 / 摄

一座巨大的人造艺术雕塑馆，那么炳灵石林则是一座浩瀚的天然雕塑馆。

炳灵湖

处于刘家峡水库的炳灵湖，是我国高原最大的人造湖之一，水面宽阔，水质优良，水波荡漾。浩渺的湖水像无边的绿绸，抖落在山峡之中，又似绿色的锦缎，铺在千山万壑之间。湖面上，画舫满笑语，白帆飘渔歌。美丽的景色，将江南的秀丽和高原的雄浑融为一体，是游人神往的旅游胜地。

炳灵湖是水域最大、水质最优的水产养殖基地，也为水上竞技运动提供了理想的训练场地，被确定为国家皮划艇队训练基地，多次举办过各类皮划艇大赛，吸引无数游客来看比赛盛况和自然美景。

炳灵湖 孔令瑞 / 摄

在炳灵湖景区，景点众多，星罗棋布。湖区北岸，有久负盛名的佛门圣地白塔寺，有藏文化神韵的白塔，耸立在碧水蓝天中，引人注目。沿洮河而上约 5 千米处的吧咪山，有金花仙姑神庙和有关金花姑娘的美丽传说。相邻的松树岘，矗立着金花姑娘“烧火棍”化成的百尺青松，与楼阁处处的抱龙山，构成移步换景的旅游胜地。

景区有炳灵圣境、大禹治水、黄洮交汇等历史自然景观，也有刘家峡水电站、黄河文化博览馆等人文景观。其中，“黄洮交汇”是黄河与洮河交汇形成的壮观景象，曾在央视多次亮相。黄河文化博览馆以黄河水电、黄河风光、黄河治理、黄河文化为主要内容，是目前全国唯一的水电博览中心，被列入甘肃党史学习教育基地。

甘青交界的“积石渡”——临津古渡

在积石山县大河家镇的黄河岸边，有一处古老而有名的渡口遗址，叫临津古渡、积石渡、官亭渡、黄河上渡等。

“临津”一词最早出现在《水经注》中：“河水又东，临津溪水注之，水自南山，北径临津城西而北流，注于河。河水又东径临津城北、白土城南。《十三州志》曰：左南津西六十里有白土城，城在大河之北，而为缘河济渡之处。”是临近（黄河）渡口之意。晋永宁时，黄河北岸建白土城。在前凉张轨时，河南岸置临津县，建临津城。

自秦汉以来，临津古渡一直是甘肃、青海两省重要的渡口和交通要隘，起着重要作用。汉武帝时，汉羌各族聚居于此，繁衍生息，古渡成为兵家必争之地。据《资治通鉴》记载，汉军经临津古渡进入湟中，打通西域通道。在汉宣帝神爵元年（前61年），这里设置了第一个县级建制河关县，隶金城郡，东汉时改隶陇西郡。魏时沿置，晋废，惠帝时复置，属狄道郡。十六国时废。

到了隋代，因地处与吐谷浑相接地带，遂建临津关。隋大业五年（609年）初，隋炀帝带后妃、侍从和40万大军御驾亲征，从长安浩浩荡荡出发，经陇西、狄道、河州，在临津渡过黄河抵达西平（今西宁），迫使吐谷浑部落数万人降隋。

此后，亲征大军越大斗拔谷（今民乐县扁都口）至张掖，召开了有名的“西域十六国”大会。此活动结束后原路返回，又从临津渡过黄河，回到长安，并命刘权率军镇守河源郡积石镇（今积石山县大河家），从此“临津”之名，响彻华夏大地。

到唐代时，汉藏互通婚姻，友好相处，丝绸之路和唐蕃古道上，来往使者和商贾络绎不绝，临津古渡迎来送往，更为繁忙。到北宋熙宁年间，在古渡边设有茶马互市的榷场，有商人、牧民、传教士、士兵等，加强贸易，和平相处。明清时期，甘肃的兰州及四川、陕西等地的商贩，运回大量丝绸、布匹、马匹、玉器、香料等物，在大河家销售。民国时期，在大河家经营棉布杂货的“永盛茂”“兴盛通”“全盛通”等商号颇有名气。

临津古渡 李亚龙 / 摄

历史上曾有无数使者、商人和军队，经此渡过黄河，进入青海，通往全国各地。东晋的高僧法显，北魏的比丘惠生、宋云，隋炀帝，唐代高僧道宣，南宋僧人法勇等，都曾先后取道于此，或前往西域，或经西藏前往印度。

古代的渡河方法有三：一为浮桥，二为羊皮筏子，三为摆渡船。由于日晒雨淋，受季节影响，浮桥存在安全隐患，无法经常使用，羊皮筏子和摆渡船成为渡河的重要交通工具，起着连通两岸的作用。

临津古渡自建成以来，受到当地民众和官方的重视，不断修建加固。唐时，在渡口附近设积石军，金元时设积石州，明时设积石关，在渡口设官船 2 只，水夫 20 名。清代改为民渡，置官船 1 只，一直沿用。

1949 年 8 月 28 日，王震将军为解放青海和新疆，率领大军来到大河家，在当地民众的支持下，顺利渡过黄河，踏上解放西北的道路。1957 年，当地政府拨款，组织人员打制摆渡船 1 只。1965 年，临夏州打制可载渡小型机动车的船 1 只。1969 年，更新船只，维修和改进渡口设施。1979 年，临夏州打制载重 16 吨的渡船一只，一次性可载两辆中型汽车或 100 人渡河。1981 年，临夏州在两岸各建停车场一处、挡水墙两处，改造码头 127 米。

1985 年 11 月 28 日，中央和省政府共同投资 450 万元，在临津古渡口修建大河家黄河大桥。大桥为混凝土 T 型梁桥，主跨 90 米，全长 161.22 米，桥面宽 9 米。1988 年 11 月 15 日，大桥竣工顺利通车，如横跨在黄河南北两岸的一道彩虹，结束了临津古渡靠船摆渡运营的漫长历史。

传统民居艺术的集大成之作——东公馆、蝴蝶楼

东公馆在临夏市三道桥广场以东60多米处，占地面积200多亩，总建筑面积近6000平方米，是原国民党第四十集团军副司令马步青的宅邸，于1938年动工，1945年建成，历时8年，呈田字形状。

1938年日寇轰炸大后方，驻防武威的马步青为安全起见，将家眷送回原籍临夏，并在临夏大兴土木，修建别墅，据说用砖60多万块，瓦100多万页，颜料千余斤，用的黄金10余两。因耗资巨大，规模恢宏，建筑精湛，东公馆冠盖临夏，名扬全省。

东公馆的西洋式正门，有一幅“百子图”，雕刻内容为葡萄，雕工精细，玲珑剔透。主体建筑为三层楼，院内东南坎墙上的松月图，明月高照，古松葱茏，清泉奔泻，山花烂漫。正院南房东西坎墙上，有牡丹含苞欲放图和荷花亭亭玉立图。三层楼的两侧，右面图案上，中秋月下茂林修竹凌空向上，两相对映，清幽恬静。左面图案上，小草青翠繁茂，芭蕉挺拔卓立。院内砖雕随处可见，立意新颖，造型生动，雕工细腻，技艺精湛，堪称砖雕艺术的大观园。

院内楼阁耸立，庭院相连，雕梁画栋，富丽堂皇。著名艺人绽成元及其徒弟雕刻的砖雕作品189幅，图案各具特色，堪称一绝。过庭影壁上，一幅大型江山图，两边是字迹秀丽的隶书对联。东西二门镶有对称的牡丹花瓶，仿景泰蓝特色，采用雕刻和镂空相结合的手法，精雕细刻，十分逼真，称双品富贵门、双品

东公馆 鲍子文 / 摄

东公馆内部庭院 鲍子文 / 摄

牡丹门。

正院为三层五间大楼，由 28 根通天柱构成框架，两端修有两层转角楼，东、西、南各为大五架旧式厅堂。西北、西南为四合院，东西南北各五间。西南为厨房，外有观花楼、卫兵院、车马院，通道两旁栽着四季青松。

院内的房屋、门、窗、隔板、扶手均雕刻着木刻图案，花卉贴金。三层楼主屋及东西南厢房，刻有牡丹、石榴等各种花草。过庭屋檐上的一对麒麟，栩栩如生，逼真动人。观花楼上的木刻龙凤，翩翩起舞，神态各异。古典建筑饰以木刻图案，使建筑豪华富丽，金碧辉煌。东西南厅堂的砖柱，镶有铜制牡丹，起防震减震作用。

1949 年 8 月 22 日临夏解放，东公馆由人民解放军某部接管，王震大军进军青海前，司令部就驻扎于此。1982 年，东公馆 40.2 亩的馆址，交地方管理。1992 年 6 月 1 日，东公馆被确定为市级文物保护单位。1986 年，东公馆接待了联合国儿童基金会成员霍夫曼；1996 年，接待了著名社会经济学家费孝通等知名人士。

蝴蝶楼在临夏市西郊横磨庄，前河沿西路，是马步青继东公馆之后，在临夏修建的别墅，人称西公馆。初建时取名勤安村，后改称永乐园，建成后因主体建筑形似硕大的蝴蝶而取名蝴蝶楼。

蝴蝶楼现存正院一座。楼东西宽 56 米，南北长 74 米，建筑面积 2660 平方米，占地 500 亩，主体建筑北面正中主楼为蝶身，面阔七间，歇山顶挑檐。两厢随楼相连的房舍，呈半圆形为

蝴蝶楼主体建筑 马通 供稿

蝶翅，左右两廊与长方形六角亭式阁楼相连为蝶足，远望犹如展翅欲飞的蝴蝶。

据说那时的蝴蝶楼，上下四周皆为回廊环绕，东西南三面长廊将楼紧围，形成一个方形大院。正中为客厅，边楼为书房，随楼前段为卧室。室内装有钢丝弹簧床，床周围镶有玻璃砖镜。卧室后面是梳妆室，有精巧的梳妆台，配有国外的香水粉糕，后面是卫生间，最后一室是侍女房，楼内设有起居、会客、游艺、梳妆等设备。

家具多为进口，楼上隔板是德国花纹玻璃砖，楼上楼下均有上等的各色栽绒地毯。方形大院内，方砖铺成的十字形小路，将院子分成四块花圃，花圃中兰柏苍翠，绿树掩映，阡陌相连。楼后为花园，奇花异卉，争芳斗艳，古桩盆景，巧夺天工，在明媚的春光里，牡丹绽放，芍药含苞。

花园后是鸽子房，曾喂养着成千上万只家鸽。楼前设有卫兵宿舍及仓院、马棚。楼东的小院为伙房，伙夫居所。楼四周开渠成河，河宽 2 米，引来大夏河水，灌溉园林，有小桥流水、鸟语花香的田园景色。

蝴蝶楼风格独特，雕梁画栋，集传统木质建筑之大成，聚园林工艺之精华。建筑结构中，无一枚铁钉，设计新颖，工艺精湛，保存完好，别具一格，富有民族特色，被视为建筑艺术的精品，至今依然熠熠生辉，为省级文物保护单位。

齐家文化发源地——齐家坪遗址

齐家坪遗址位于广河县齐家镇，是齐家文化的命名地。1924 年，该遗址由瑞典考古学家安特生发现，是中国西北地区新石器时代晚期主要文化遗存，是华夏文明的重要来源之一，对于建立洮河流域史前文化序列、研究黄河流域青铜文化产生发展、探索中华文明起源具有重要的意义。

遗址发掘出大量陶器、骨器、石器、玉器等生产工具和生活用具，数量达几千件之多。由于当时国力衰弱，文物难以得到保护，大半文物现藏于瑞典东方博物馆。

从 1945 年 5 月开始，考古学家裴文中，文史学者黄文弼、朱泰恒等人，对齐家坪遗址进行考古调查。后来，甘肃省博物馆考古队、临夏州文物部门，对遗址进行多次调查发掘，出土了许多陶器、石器、骨器、玉器及少量铜器等，还有大量白灰层居住面和灰土堆积层。

齐家文化博物馆内的四个展厅，主要陈列有齐家文化陶器、玉器、铜器、石器和骨器等文物数百件。还藏有马家窑文化马家窑类型、半山类型、马厂类型及辛店文化陶器，是全省县级博物馆中规模较大、类型较多的展馆之一。

齐家坪遗址的陶器以素陶为主，制作精细，器型多样，主要为夹砂红褐陶和泥质红陶，还有少量灰陶。器型有大口瓶、双耳罐、三耳罐、鬶和鸟形壶等。彩陶数量较少，多用红彩或黑彩，彩纹多为简便的菱形纹、网格纹、波折纹等。夹砂陶上有绳纹，

附加堆纹等，图案精美，线条规整。骨器耐用精致，可以观赏，还可用于日常生活。铜镜、玉琮、三足鬲、带柄陶盉等，既是生活用品，更是艺术品。

齐家文化代表性文物为三足鬲。三足鬲通体打磨光滑，带流，大单耳，三个乳足匀称。彩绘多出现在双耳罐、单耳罐、圜底器上，彩陶瓮一般呈现侈口、鼓腹、平底，肩部饰有平行线纹，通体饰有网状三角纹及复道纹。玉琮为青玉，内圆外方，是齐家文化出土文物中的罕见之宝。彩陶瓶为侈口，双耳，通体打磨光滑，颈部饰有黑色平行线纹，肩腹部饰有漩涡纹及蝌蚪纹，造型美观。

齐家坪遗址的房屋多是方形或长方形半地穴式建筑，房内

齐家坪遗址全景 马宗礼 / 摄

齐家坪遗址 马宗礼 / 摄

地面铺有白灰，防潮防湿，坚固美观。出土房址 2 座，墓葬 117 座。在 M41 号墓葬中，发现锈迹斑斑的一面铜镜，附着厚厚的铜锈，镜面光素无饰，扁平，直径 6.2 厘米，厚 0.3 厘米。背部中央的桥形纽高 0.5 厘米，是穿绳佩戴用的。铜镜的出土说明在 4000 多年前，古人已经学会了制作铜镜并已使用，印证了传说中“黄帝铸镜”的历史。

这面齐家文化铜镜是 20 世纪 70 年代考古发掘时发现的，据考证，距今有 4000 多年历史，是我国迄今为止发现的年代较早的铜镜之一，对我国铜镜发展研究具有重要意义，被称为“中华第一镜”。

齐家文化的农作物主要是粟，生产工具有石铲、骨铲、石镰、石锛等。加工谷物常用石磨盘、石磨棒、石杵等。从发现的动物骨骼得知，当时家畜主要是猪，还有羊、狗、牛、马等，渔猎也很盛行。

齐家坪遗址出土的大量文物，展现了远古先民的真实生活，为考古学和历史学提供了大量物证。1963 年，齐家坪遗址被定为省级重点文物保护单位；1996 年 11 月，被公布为全国重点文物保护单位。

边家林文化命名地——边家林遗址

边家林遗址在康乐县虎关乡边家林社，是马家窑文化边家林类型的命名地。1976 年 2 月，被临夏州文物普查队首次发现，并出土陶器 134 件，石器 32 件。1981 年，在甘肃省考古所专家的指导下，边家林遗址进行了考古发掘，发掘面积 425 平方米，清理墓葬 17 座，灰坑 1 个，出土陶器 100 多件。

边家林遗址地层分两层：第一层为耕土层，厚 0.2 ~ 0.3 米；第二层为文化层，厚 0.1 ~ 0.6 米。墓葬均在第二层中。

边家林遗址出土的文物以彩陶为主，器型有壶、罐、盆、钵等，典型器物为斜肩折腹壶、细颈侈口瓶、高低耳领短侈口罐、平唇深腹小底盆等。纹饰多为葫芦网格纹、弧线纹、大三角纹、水波纹、连续涡纹、平行线等。其中，饰有大三角纹和葫芦网格纹的彩陶，是该遗址的典型器物。

边家林遗址的墓葬，为长方形和近方形土坑墓，墓口大于墓底，除 1 座为母子合葬外，其余为单人葬，埋葬较浅，均在耕土层下。墓葬分为三类。第一类为捡骨葬，共 8 座。其中，无头骨、以部分骨骸乱葬的 5 座，有头骨或下颌骨的 3 座。第二类为扰乱葬，胸椎以下骨架完整，头骨和上肢骨不全或置异处，有的头骨无存，仅有下颌骨。第三类为侧身屈肢葬，共 2 座。

陶器有夹砂陶和泥质陶，夹砂陶即胎体含有砂粒的陶器，一般多为泥料中掺进细砂等羼和料制成，器壁较厚，胎质厚重，陶色呈灰白色，多为炊具，器型以罐为主。泥质陶是陶土经淘洗后制成，具有陶质细密、打磨光滑、器壁较薄、陶色呈橙黄色等特点，器型主要有碗、盆、钵、罐、壶、瓶、钵等，其中以彩陶最具特色。

壶是边家林类型彩陶中最具代表性的器型，与马家窑类型彩陶壶相比，边家林彩陶壶器型相对高大，颈部加长加粗，直口，颈肩转折明显，随着器物变大，肩部相对变得宽阔，腹部扁圆，最大径在肩腹相交处。

制陶工匠设计造型时，运用各部分之间体量对比关系来丰富和增加器物的形体变化。主要表现：一是带耳的器物特别多，工匠按照器物造型要求，分别施以双腹耳、单腹耳、单肩耳，或肩腹各置一耳，形成高低耳，或饰于突錾；二是通过构件位置的高低大小变化，使构件和器体形成虚实对比关系，把局部变化统一于整体的静穆氛围中；三是在壶体口沿两侧的颈部，加入了没有实用意义的鸡冠状盲耳等，增加了器物的装饰韵味；四是出现了一些双口和鸟形等特异器型，颈部饰有四道黑色平行宽带纹，扁平的腹部绘以状如羽毛的细密折线纹，下部为一周平行宽带纹。

1982 年、1987 年、2009 年，临夏州文物“四有”工作组、

边家林遗址 常艳艳 / 摄

临夏州文物普查队和康乐县文物普查组，先后三次对边家林遗址进行复查。在复查过程中，发现耕地和地坎上除了马家窑文化边家林类型陶片外，还有齐家文化零星泥质红陶片及夹砂灰陶片，以素面为主，还有绳纹和篮纹等纹饰。2013 年 5 月，边家林遗址被公布为全国重点文物保护单位。

边家林遗址的保护利用，对研究马家窑文化、齐家文化，厘清临夏州史前文化发展脉络，探源中华文明具有重要的意义。

“中华第一刀”出土地——林家遗址

林家遗址在东乡县东塬乡林家村，包括破四格、秋梁地、阴洼坡 3 处，是黄河上游地区新石器时代晚期遗址。

1976 年 8 月，临夏州文物普查队在调查时发现了林家遗址。1977 年 4 月、1978 年 4 月，甘肃省博物馆文物队、临夏州文化局、东乡县文化馆先后对林家遗址进行了两次发掘。2006 年 5 月，林家遗址被公布为全国重点文物保护单位。2016 年 3 月至 4 月，甘肃省文物考古研究所及专业勘探公司，先后对林家遗址进行了考古勘探。

林家遗址共发现遗迹 90 处。发掘出土的器物 3000 多件，以石器、陶器、骨器、铜器为主。石器大多是生产工具，如石制刀、斧、铲、镇、凿、锥、纺轮、网锤等 10 余种。

在破四格，秋粱地地坎上，考古人员发现大量彩陶残片，有盆、钵、碗、罐、壶、瓶等，瓶多为喇叭口，罐为敞口，盆口沿外卷，钵为圆唇。陶器均为黑彩，彩纹多为平行线、圆点、网格、叶网纹等，线条均匀对称，浑然一体。陶质细腻光滑，呈橙黄色。彩陶中的橙黄黑彩是马家窑文化的重要特征。

陶器制作采用泥条盘筑法，陶器分泥质、夹砂两类。早期的陶器有瓶、罐、盆、钵等，纹饰以旋纹为主；中期的瓶口沿向外翻转，颈部变长，罐颈部变短，纹饰以弧形并列条纹为主，线条均匀细密；晚期陶器数量最多，陶质较前者略粗，器型有盆、碗、壶、瓶、罐等，色彩也有变化，纹饰简化，线条以旋纹、平行为主。

遗址中发现不少铜器工具碎片。其中一件含锡青铜刀，长 12.5 厘米，宽 2.4 厘米，学名为青铜拱背短刀，是迄今为止中国发现的最早的铜铸工具，被称为“中华第一刀”。这把青铜刀柄短刃长，刀背与柄背连为一体，有明显弧度，由两块范浇铸而

林家遗址出土的“中华第一刀” 史清明 / 摄

林家遗址 史清明 / 摄

成，表面平整，有较厚的深灰色绿色锈，刀尖圆钝，稍微上翘，弧背，薄厚均匀，刃部有轻微冷锻或戗磨，增加了锋利度，柄端有安装木把的痕迹。

在考古发掘过程中，清理马家窑时期房屋遗迹 27 处，制陶窑址 3 处，灰坑 98 个，齐家文化房屋遗迹 3 处，汉代木椁墓 1 座，唐代土洞墓 6 座和水渠 1 段。林家遗址是马家窑类型的代表性遗址。

林家遗址房屋由主室及门斗构成，两者均呈方形。早期为半地下深穴，面积大小不一，小的十几平米，大的近 30 平米。四壁下及灶址旁有柱洞，房子内都有两个相邻的圆形灶址，灶口与地面平齐。

晚期的房址数量比中期增加近两倍，面积仍与早期相似。除浅半地下穴外，还有夯土层上修建的地面房子，有较高的灶圈，每间房子灶的数量多少不等。除单间房子外，还有连间和隔间房子。马家窑类型横穴式陶窑，窑室为圆形。制陶窑穴为袋状，有斜壁也有直壁。出土的农作物有稷、粟、大麻籽等，主要藏于窑穴、房址内的陶器和灰层中，稷大多已炭化。

1981 年 9 月，林家遗址被公布为省级文物保护单位；2006 年 5 月，被公布为全国重点文物保护单位。

半山文化命名地——半山遗址

半山遗址在广河县齐家镇魏家咀村，1924 年，由瑞典考古学家安特生首次发现，包括瓦罐嘴附近住址、瓦罐嘴墓地、半山墓地、边家沟墓地、王家沟墓地、半山以南瓦罐嘴以东墓地等，是马家窑文化半山类型命名地。

1958年7月，甘肃省文物工作队对半山遗址进行了首次调查。1961 年、1972 年、1982 年、1987 年，有关部门先后对半山遗址进行了 4 次复查。2013 年 5 月，半山遗址被公布为全国重点文物保护单位。

半山类型的彩陶，在中国彩陶艺术发展中占有重要地位，受到中外考古学界的高度评价。彩陶在绘画上以疏朗的几何形作为依托，周围用大面积的繁密花纹衬托，较好地运用了密中有疏、以实显虚的艺术手法。绘画纹饰以锯齿纹、漩涡纹、网格纹、动植物纹等为主。

出土的人头形罐盖，集塑、雕、绘三法于一体。整个头部以人工捏制而成，雕有眼、鼻、嘴，棱角分明，设计合理。表面绘彩层次分明，疏密适度，用简单的色彩绘出眼睑、鼻梁、胡须和额头上的皱纹，在脖颈以浓重的色彩，绘上四条宽带纹相间的三条窄带竖斜纹，肩部有两条宽窄不同的带纹和一条宽带锯齿纹，

半山遗址 杨廷明 供稿

马家窑文化半山类型彩陶 杨廷明 供稿

塑造出远古先民的形象。

器型有壶、瓶、罐、碗、盂、杯、带嘴锅等。其中，以小口高颈双耳壶、单耳大口罐、短颈双腹耳瓮等数量最多，也最具有代表性。大型方格纹是由网纹、棋盘纹、方格纹等组成的整组纹饰，有些是编织纹，有些是各种图案的混合体。有的是竖的分组弧状纹饰，有的是粗细不等的曲线纹，有的是由葫芦形式变形的花纹，中间夹有其他弧线装饰。

大型陶器采用分段泥条垒筑，再进行拼合的制法。由于腹部是上下腹两个相等的圆形陶坯拼合而成，因此腹部近于球体。在壶和罐的膨圆腹部上，多饰以二方连续的花纹，无论在正平视的半圆形构图，还是正俯视的圆形构图，都能构成完美的画面。

墓葬有土坑墓、石棺墓和木棺墓三种，有一次葬也有二次葬。早期多仰身葬，中晚期多侧身葬和屈肢葬。葬品一般很少，少数墓随葬品较多。随葬的工具，男性的多为石斧、石锛、石凿，女性的多为陶纺轮，反映出男耕女织的劳动分工，出现了贫富分化现象。

边家沟墓葬的死者，系 40 岁左右的一位男子，头朝东南，侧身屈肢。随葬品有 1 件磨制石斧、1 件半打半磨的石锛、2 件砺石、8 件彩陶罐和 4 件夹砂陶罐。彩陶纹饰用红黑相间的锯齿纹构成漩涡纹、菱形纹和葫芦形纹等，还有棋盘格纹和瓜子纹。此后，凡属于这些陶器风格者，都称为半山式陶器。

半山文化时期的人类过着以农业为主的定居生活，每个村落有一定的布局，房式有方形和圆形、地穴式和平地起造等不同形式，处于母系制向父系制过渡阶段，对研究早期人类发展史具有重要意义。

“彩陶王”出土地遗址——新庄坪遗址

新庄坪遗址位于积石山县银川乡新庄坪村，东靠多多山，西至银川河，南至上队西沟，北抵后庄尕寺根，1929 年被发现，系新石器时代至青铜时代的古遗址，出土了大量珍贵文物。

1989 年 10 月，甘肃省博物馆对新庄坪遗址进行调查采集，其中，有石器 19 件，器型包括石铲、石斧、石刀、石凿、石璧等。有陶器 55 件，主要为泥质红陶和夹砂红褐陶，有少量灰陶，均为手制，以泥条盘筑为主，泥质红陶以素面磨光为主，个别有镂孔和绳纹，器型有罐、瓶、壶、盉、鬲等。青铜器 15 件，器型包括铜镯、铜泡等。此外，还有较多的装饰品，成串的绿松石珠，计有 169 颗，其上钻有小孔。

遗址由聚落址、窑址和墓葬三部分组成。马家沟断崖上，暴露有大面积灰层和白灰层，在断崖距地表 1 米左右处，发现厚约 3 ~ 4 米的大量灰层，内含许多人骨、石块和大量泥质素陶片，属于齐家文化遗物。

后沟发现有墓葬区。新庄社以西发现十几处废窑址遗迹，有马家窑文化马厂类型彩陶残片、齐家文化素陶片。新庄社西南角发现一处窑址，距地表约 3 米，窑室高 1.9 米，底径 1.6 米，顶部为拱形，开有六孔烟筒。

在小水沟以西一带，发现马家窑文化马厂类型的少量彩陶残片，掺杂在齐家文化灰层之中。在崖头和尕寺根一带，发现大量的灰层。在庙地坎坡下发现有墓葬，已遭到破坏，曾出土过人骨和陶器。在李家庄稟、后沟及多多山一带，发现人骨，出土过玉璧、石环、陶器等。

陶器以素陶为主，彩陶数量较少，陶质精细，器型繁多，主

新庄坪遗址 李亚龙 / 摄

新庄坪出土的彩陶 李亚龙 / 摄

要有双耳罐、三耳罐、大口罐、大口瓶、三足鬲，还有象形鸟形壶、羊形罐等。在后沟的墓葬区，出土过玉器和石器，有玉铲、玉刀、玉璧、玉环和石璧等。其中，许多玉器呈半加工状态。同时，出土了铜斧、铜刀等铜器。

玉器是新庄坪遗址出土文物的重要组成部分，共计 40 余件。有玉凿、玉斧，还有青玉璧、白玉璜、青玉璜、青玉琮、有领玉璧、青玉璋等，分属于三个品类，即玉凿、玉斧为生产工具，玉璧为装饰品，玉琮、玉璜、有领玉璧、玉璋为礼仪器。

新庄坪遗址出土的玉器以齐家文化典型器型为主，其中玉璧多呈圆形或圆角方形，采用单面钻孔工艺，玉琮内外壁打磨规整，玉七联璧则为史前玉器中罕见的独特形制。这些玉器材质以青玉、碧玉和透闪石玉为主，表面光洁润泽，部分保留开料或管钻痕迹，工艺水平精湛，部分被认定为齐家文化玉器精品。目前，出土的 40 余件玉器绝大多数由临夏州博物馆收藏，其玉器体系与红山文化的玉器体系、良渚文化的玉器体系并列为中国史前三大玉系，展现了黄河上游青铜时代早期的玉礼器特征与社会宗教内涵。

新庄坪遗址分布面积广，出土文物精美，文化内涵丰富，2013 年 5 月，被公布为全国重点文物保护单位。

CHAPTER 05

临夏的民间歌舞

永靖县傩舞戏 李金文 / 摄

临夏的民间歌舞源远流长，起源于远古先民的劳动，自创自演，形式多样，千姿百态，具有自娱性、即兴性、稳定性等特点，表现了一个民族或地区的文化传统、生活习俗及精神风貌。内容有原始狩猎、图腾信仰、战争经历、驱除鬼神等，渗透着民俗、祭祀、礼仪等遗风。

民间流行的民谣、曲艺等，表达了各族民众的心声。有的边伴奏边表演，如河州平弦和河州贤孝等，有的融音乐、舞蹈、歌唱、杂耍、戏曲、武术于一体，与当地生产生活、风俗民情、文化观念、宗教信仰、社会风貌等相关。除了永靖傩舞戏、和政“牛犊爷”、临夏花儿、和政秧歌、回族宴席曲等，还有河州月弦戏、康乐秦腔等。

民间歌舞表现形式丰富多样，蕴含着不同的民俗文化和历史传统，通过舞蹈、音乐和歌唱等艺术手段，传达人们对美好生活的向往，彰显了浓厚的民族意识，是传承民族精神的重要载体，有着深厚的历史文化底蕴。

回民的“家曲”“菜曲儿”——回族宴席曲

回族把结婚办喜事称为“吃宴席”，在这种场合演唱的曲子叫宴席曲，又称“家曲”“菜曲儿”，涵盖了数百年来生产、生活、爱情、婚姻等方面的内容，是表现回族历史的音乐史诗，研究回族历史文化、风俗习惯、语言文学的重要资料，被列为国家级非物质文化遗产。

临夏是全国仅有的两个回族自治州之一。回族的人们在结婚的宴席场所，都要演唱这种民间传统歌曲，曲调近似花儿又别于花儿，载歌载舞，场面热闹欢快，深受人们喜欢。

据考证，回族宴席曲从宋元时期的民歌、词和曲演变而来。早在南北朝和唐宋时的文化交流中，外域少数民族的许多民歌（音乐）传入，与中原地区的民歌融合，成为一种新的音乐形式。这种民歌（音乐）后来传入宫廷，用于宴饮时的歌舞，故称“宴乐”。

宋末元初，南北方流传的民族民间小曲更为兴盛，不但有词的特点，而且音调豪放跳跃，旋律欢快热情。这种由“宴乐”和“小曲”演变而来的曲调形式，正是回族宴席曲的雏形，是宋元时期的一种民间“散曲”。到明朝时已成为独立的民间传统曲种，广泛传唱于回族的婚礼宴席当中。

宴席曲曲调优美婉转，内容丰富，形式多样。宴席曲没有打击乐，虚词部分无限延长，有别于其他民族和地区歌舞音乐的特征。宴席曲载歌载舞，融入当地风土人情、地域特色、历史传说，体现命运的沉浮和喜怒哀乐，有着浓郁的民族特色。

宴席曲舞蹈的风格，表现在头、臂、手、足四个部位不同的动作上。在舞蹈时，随着曲调展开，各种不同的摇头动作，贯穿始终。遇到宴席曲长音时，头部动作变慢，左右舒缓摇摆，脸部表情随之变化。双臂的大回环，手掌的上下翻动，拳术式的挥舞，落落大方，刚健豪迈。双腿的屈膝起蹲，足尖的跑跳转动，腰背前倾后仰，有机晃动。脚下富有弹性，勾勒出挺拔、健美的粗犷造型。

回族宴席曲曲调多样，代表性的有《十里亭》《方四娘》《尕老汉》《五更月》《四季青》《八大光棍宴席曲》等。宴席曲中还有小品节目，如《拉鹅》《拉骆驼》《怕老婆顶灯》《小放牛》《碗儿匠 》等，说、唱、演结合，是有相当难度的表演形式。

回族宴席曲包括传统的唱本，也有即兴的创作，语言生动活泼，诙谐风趣，主要分表礼、散曲、大传、五更调、小令、打莲花等。

表礼就是婚礼的祝赞词。散曲包括恭喜曲、婚礼赞歌、劝化人心曲、劳动曲、爱情曲、苦曲等格式，长短自由。大传是叙事曲，内容一是表现出征、战争的题材，如《大老爷》《挑大兵》《高大人领兵》《草天参军》《杨大人领兵》等；二是表现妇女婚姻生活题材，如《方四娘》《三娘教子》；三是表现历史题材，如季节歌，按照一年四季或十二个月，进行叙事或抒情。五更调是以“长夜五更天”为载体，按顺序演唱，题材以情歌为主，也有苦歌和叙事曲。小令包括《尕老汉》《飞凤凰 》等一些酒曲和短杂曲。打莲花也叫打调，是以说唱为主的一种艺术形式，语言幽默风趣，内容夸张大胆，常令人捧腹。打莲花起首近似流行歌曲的说唱，接下来以独白的形式讲诙谐的段子，中间加一段莲花调，表演内容丰富多彩，有传统的《懒大嫂》《海子车骂女婿》《长婆娘》，也有即兴创作的脱口秀，表现回族人的风趣幽默。

宴席曲的表演形式，有独唱、二人唱、合唱等。宴席曲演唱中的一个特殊现象是倒唱。一首宴席曲演唱完后，换一种曲调后倒唱回来，调子热烈欢乐，有《十里长亭送亲人》《倒唱四季》《孟姜女》等。

宴席曲多以方阵队形对舞，有“鹰舞”“鹦哥舞”“筛子舞”等。其动作与回族的劳动、生活、习俗相关。回族歌曲常用凤凰、蝴蝶、牡丹、鸽子等形象和羊羔、青草、甘泉等与生活息息相关的事物起兴，舞时手臂做出恰似蝴蝶飞舞、凤凰展翅的动作。

唱宴席曲时，曲把手来到东家大门，唱《恭喜曲》，进到家中拉开场子后，曲把手唱《表礼》致赞词，然后正式演唱。演唱的起首曲为《抬起嘛头儿瞧》，然后根据主人所点曲目，一一表演。如果出现两组演唱队就更热闹了，要进行对阵打擂，你一歌我一曲，不把对方唱败绝不罢休。有唱一夜晚的，也有连着唱三个夜晚的。到了最后，唱一曲《谢东家》作为结束。

回族宴席曲现场 马通 供稿

回族宴席曲，蕴含着回族、保安族、东乡族等民族心理，极大地丰富了人们的文化生活，对构建和谐社会，促进家庭和睦、亲情交流起着重要作用。

春节的“社火”——和政秧歌

和政秧歌是流传于和政县及其周边的一种传统舞蹈，主要用于春节期间的社火表演，有深厚的群众基础和历史渊源。涉及地域广阔，特色鲜明，花样繁多，场面宏大，内容丰富，为省级非物质文化遗产。

秧歌亦称“社火”，最初是一种春祀秋报的民间祭祀活动。社指土地神，也指祭社神的节日，如春社、秋社。《荆楚岁时记》中记载，社日这天，附近的邻里共同组织起来结成会社，准备好酒肉祭品，在树下搭建屋棚，先祭祀神灵，之后众人一起分享祭祀用的酒肉。可见社日是每年举行的例会，众人聚在一起，行祭祀仪式，集体为乐，先要祭神，后吃祭肉，再饮黄酒，欢乐时又歌又舞，伴随着杂耍，是个盛大的节日，祈求来年生活幸福。

社火一词旧指扮演的各种杂耍杂戏。《扬州画舫录》中记载，立春前一天，太守带领众人在城东的蕃釐观举行迎春仪式，命令官妓装扮成社火表演的角色。表演队伍包括：一个春梦婆、两名春姐、两名衙役差吏、一位春官，还有一位负责春祭礼仪的春吏。这似是今日秧歌的雏形：春梦婆可能是今日秧歌队的妖婆，春姐和衙役差吏，似今日的腊花姐和中郎，而春官定是社火官了。庞大的秧歌队，是在此基础上逐步发展起来的。

据《和政县志》载：“入正月过三日即演社鼓，或城或乡不拘。十三日城内张灯，乡民以社鼓来贺，男妇游览。”说明县城十三秧歌会的情形、各个乡镇秧歌的发展历史。当时演的节目有竹马、刀舞、旱龙船、狮子舞等。到明清时期，秧歌发展成有说有唱、有歌有舞、有一定故事情节的小戏，程式固定，臻于完善。

和政秧歌由祭祀活动演变而来，又通过文化交流充实完善，从宗教活动中吸取音乐后，才有了伴舞的乐队。演奏的唢呐曲牌，有不少是神曲，或带有宗教色彩。和政南部的牙塘、石咀一带的牛犊爷，借用巫师羊皮鼓，旱船表演中扮演观世音菩萨，就是受到祭祀的影响。古代有以春牛祝岁的习俗。牛是农事活动的主要工具，堪作农事的象征，秧歌中玩春牛等杂耍节目，继承了古代习俗，体现着共同祝愿丰收的愿望，具有高原农牧业特色。

明代以后，大量汉民族迁入，带来南方的旱船、鞭子、竹马等。民国初年，到河州经商的山西、陕西商贾，又引进跑驴。清代之前，和政秧歌一律为地蹦子（即不踩高跷，徒步表演）。民国初年少数人开始踩五寸跷子，大多仍为徒步表演。1933 年，青海马家军一个连驻防和政，春节时士兵玩高跷秧歌（跷高三尺），有《四大光棍》《打狗熊》等节目，很受人们喜爱。1934 年，县城的人们和龙泉书院相继玩起了高跷秧歌，从此高跷秧歌逐渐取代了地蹦子。后经不断更新完善，形成了综合性的歌舞表演形式，成为每年农历正月初三至正月十七闹新春深受人们喜爱的传统艺术。

跑旱船 朱旭龙 / 摄

闹春牛 朱旭龙 / 摄

和政秧歌节目丰富，阵容庞大，演员达200多人。秧歌形式多样，有说有唱，载歌载舞，伴有武术、杂耍、杂角表演，气氛热烈，异彩纷呈。由前五角、中三角、后五角三部分及杂耍杂角组成，按前后顺序演出，杂角可以穿插在队伍中间，任意发挥，即兴表演。

和政秧歌的基本排序为前五角，有流星、仪仗队、旱船、四大光棍、乐队等。中三角组成人数多，为秧歌主体，排在前五角之后，最有声势，组成为霸王鞭、膏药灯、身子。后五角是秧歌最后部分，由鼓（有大鼓、小鼓之分）、锣、钹、唢呐等组成，由一位表演者手持拂尘（多用牛尾巴制成，俗称缨刷），统一指挥。杂角是正角之外的其他角色，有妖婆、鬼子（男丑角）、笑和尚、驾鹰、尕黑驴、猎人与狗熊、春牛、纸马（竹马）、社火官（春官）、货郎等，以滑稽动作和幽默语言打趣逗乐，营造喜庆气氛，增加趣味性。妖婆、鬼子说吉利话，祈福祝愿，辅以歌唱，适时宣传方针政策。

和政秧歌经过漫长的发展，成为极具地方特色的文化艺术，堪称一座活动的大舞台，长年丰富着人们的文化生活。

永靖“七月跳会”——永靖傩舞戏

永靖傩舞戏俗称七月跳会，是一种驱鬼逐疫、具有祭祀功能的传统民俗舞蹈，具有较强的舞台表演性，是研究人类学、宗教学、文学、历史学等学科的活化石，主要流传于小积石山一带的杨塔、王台、红泉等乡村，与四川、云南、贵州等地遗存的傩文化非常相似，但也有自己的特点。

傩即假面跳神，是古代驱逐疫鬼的仪式，是图腾崇拜、头颅崇拜、原始狩猎、巫术崇拜、部落争战和原始宗教祭祀仪式的产物。在传统的华夏文明中，傩在汉民族中广泛流行，历史悠久，具有强烈的宗教色彩和艺术色彩。

《论语·乡党篇》载："乡人傩，朝服而立于阼阶。"可见孔子对傩的敬重。《续修导河县志》载："遇丰年，则扮演社火，即乡人傩之遗意。"清康熙时有诗云："社鼓逢逢禳赛时，青旗白马二郎祠。踏歌游女知多少，齐唱迎神舞拓枝。"描写的就是傩舞戏的盛况。

民间流传的傩，与宗教、文艺、民俗等相结合，变为多种形式的傩舞傩戏，以江西、湖南、湖北、陕西、四川、贵州等省遗存较多，有跳傩、鬼舞、玩喜等不同叫法。一般在大年初一到正月十六表演。表演时大多要戴某个角色面具，其中有神话形象，也有世俗人物和历史名人，由此构成庞大的傩神谱系。

傩文化活动在神庙举行，素有上七庙、下六庙，川里还有十八庙之说。上七庙是指会坛在树湾的九龙庙、车家庙、五云山庙、朱山庙、坛子庙、红泉庙、董家山庙。下六庙是指会坛在三角坛的果园四庙、余宋二庙、周何二庙、焦鋆庙、三角庙、进家庙。川里还有十八庙是指白塔寺川一带，因刘家峡水库蓄水被淹，或依山面水后靠，或迁往三塬、岘塬、盐锅峡和临夏县北塬桥寺、先锋等乡村。每座庙里供着二郎神等神像，坐神为泥塑，游神为木刻，坐在轿子里。某些庙院保存着古旧的面具，还

永靖县傩舞戏 李金文 / 摄

有迎神旗、木制刀、枪、剑、戟等道具，流传着许多传统傩舞戏节目。

傩舞中的面具被称为脸子，是傩文化的一个重要特征，有刘备、关羽、张飞、周仓、曹操、蔡阳、吕布、貂蝉、三眼二郎、李存孝、笑和尚、阴阳、猴、老虎、牛、马及红、绿二鬼等 24 面。据悉，现存最古老的脸子是关公，相传产生于明代，保存于焦鳌庙内。

傩舞多数剧目为哑剧，一举一动都要听锣鼓点和笛音指挥，武戏为锣鼓伴奏，文戏为笛子伴奏，音乐曲调和古乐中的宫商角徵羽五音一样。

演出内容分歌舞型、戏剧型、杂耍型三种。歌舞型以歌唱舞蹈和锣鼓伴奏为表现形式，有《斩貂蝉》《二郎降猴》《方四娘》等。戏剧型用人物之间的道白及简单唱腔展开故事，交战时用锣、鼓、钹助威。每剧演出时间较长，保留着早期戏剧的雏形，主要剧目有《五将》《李存孝打虎》《出五关》等。杂耍型面具造型滑稽，人物插科打诨，主要剧目有《笑和尚赶过雨》《庄稼人》《小鬼》等，内容幽默风趣，观之令人捧腹。

2005 年，应中国江西国际傩文化艺术周组委会邀请，永靖县傩舞表演队赴南昌表演，荣获银奖，并在艺术周大型民间艺术踩街活动中，获优秀表演奖。2007 年，永靖县被中国民间文艺家协会授予“中国傩文化之乡”称号，傩舞戏进入甘肃省第一批非物质文化遗产名录。2008 年，被列入国家级非物质文化遗产名录。

悠扬的民间曲调——河州平弦、河州贤孝

河州平弦古称平调、述调，19 世纪末流行于民间，是临夏地方说唱曲艺艺术曲种，曲牌名称与唐宋杂曲、元明散曲、俗曲多有相同之处，既保留着西凉乐的一些余韵，也回响着南北小曲的诸多音调。河州平弦曲词来源相当繁杂，上可推到唐五代变文、金元两代诸宫调，下至明清宝卷弹词，吸收了当地的民间小调，形成了自己的特色。

河州平弦的表演形式，为一人自弹三弦说唱，以唱为主，间有说白。开场时一般先用《四合四》《正柳青》《反柳青》等曲牌营造气氛，待听众静下来后正式演奏老三板，接唱前岔等。联接曲牌和唱腔的过门、间奏，多从老三板演变而来，风格统一，常出新意，为衬托唱腔、深化音乐形象起着重要作用。

河州平弦只唱不说，腔多词少。河州平弦艺人认为，唱是说的发展，说不如唱，唱要曲尽其妙。为了挖掘唱词的深厚意蕴，河州平弦艺人用一唱到底、一唱三叹、起伏回旋、词少腔多的形式，力求唱词精美隽永，感人至深。

河州平弦调多，词句优雅，流传范围较为狭窄。唱词多由七字和十字句组成，主要演唱历史故事或民间传说。曲调一般是牌子曲结构，既有温柔细腻的特色，又有粗犷豪放的气质。唱词长短交错，韵律雅致，富有表现力。代表性曲目有《皇姑出家》《真武成圣》等。

河州平弦吸收众多杂调，表现比较复杂的内容。杂调也称杂曲子，是前岔、后岔、述腔之外名称繁多的唱腔曲调。杂调的大

河州平弦演出现场 马通 供稿

量运用，使河州平弦唱腔具有细致深刻的表现力。其曲牌结构多样，基本连缀方式是前岔、述腔、杂调、述腔、后岔等。

清道光年间，盲艺人费宝家用岔曲、述腔演唱《宋江投朋》《酒父劝朋》等曲目。光绪年间，东乡唐汪川的唐星源（俗名唐江湖）用河州平弦演唱《莺莺饯行》及下弦《林冲夜奔》等曲目。稍后的罗良德弹唱俱精，被称为“通天教主”，在城内开设河州平弦自乐班茶园。同期的李玉和又称李缸缸、李大脸，弹唱河州平弦很受欢迎，在花园街办起了自乐班茶园，演唱河州平弦、越弦等。1928 年，魁世荣、马九娃等演出《十里亭》，为河州平弦艺术搬上戏剧舞台做了大胆尝试。

1940 年，耿治天在城内开设凤林茶园，与李荪生等演唱河州平弦，后又增加了卜海舟、石德安等人，盲艺人王吉祥、周旺盛、高明永等在唱贤孝时，还夹演河州平弦，以吸引不同的听众。

1953 年，耿治天等赴京参加全国民族民间音乐舞蹈会演，演唱的《西厢初会》载誉而归。1957 年，在甘肃省木偶皮影曲艺会演中，耿治天、李苏生联合表演的《莺莺饯行》《林冲夜奔》受到好评。20 世纪 60 年代，丁少汤创编了《大夏河水上北塬》，鲁拓记录了大部分河州平弦词曲。1980 年以后，康尚义、胡继先编词，鲁拓编曲的《故事会》，将河州平弦用女声演唱的形式搬上舞台，参加了全省汇演，扩大了河州平弦的影响。

同样作为地方说唱曲艺艺术的河州贤孝，又称河州唱书、贤孝弹唱、河州三弦善书、临夏贤孝、河州调等，形成于明末清初，因表演多宣扬劝善惩恶、忠臣良将、妻贤子孝内容而得名。

茶马古市河州平弦、河州贤孝演出 许涛涛 / 摄

在过去，河州贤孝多由汉族盲艺人手持三弦，自弹自唱。贤孝的语言植根于河州话的土壤，诙谐幽默，通俗生动。伴奏的乐器为三弦，使用滚、打、滑、揉等技巧，烘托着唱腔表现的多种情感。

同治元年（1862 年），临夏成立了三皇会，贤孝艺人定期切磋交流，弹奏演唱，使河州贤孝得到了很大发展。清末民初，河州贤孝艺人先后赴甘肃的兰州、西宁及新疆等地，设摊演唱，收徒传艺，河州贤孝得以广泛传播。

河州贤孝的传统表演形式为一人（过去主要是盲人），手持三弦，自弹说唱。节目数量颇多，多为艺人据书编就，世代流传。表现国家兴亡、忠臣良将的节目叫国书，如《伍子胥过江》《三国演义》《薛仁贵征东》《杨家将》《包公案》等。反映日常生活中孝顺父母、男女情爱的叫家书。还有《王祥卧冰》《郭巨埋儿》《孟宗哭竹》等以二十四孝故事为内容的节目。2006 年，河州贤孝被列为国家级非物质文化遗产。

近年，随着对非物质文化遗产工作的重视，河州平弦和河州贤孝得到了很大发展，相关部门开始建立传习所，收集实物，整理和录制演唱资料，举办培训班，使其不断传承发扬下去。

正月十五的“庄稼会”——牙塘“牛犊爷”

牙塘“牛犊爷”是和政县一种古老而简单的傩舞，流传于南部山区的牙塘石咀村，名曰“庄稼会”，确切名称叫“社火”，是今日秧歌的前身，省级非物质文化遗产。牛犊爷是一种民俗传统文化，包括神谱文化、历史故事、民间舞蹈、农耕文化、春祀秋报等，表达了人们祈求风调雨顺、国泰民安、繁荣昌盛的愿望。

牛犊爷的主旨是迎喜神，喜神相传是汉朝王昭君之子。因年代久远，人们只在春节时取乐，不知确切来历，只说明朝刘都督治理河州时，常用这种形式纪念王昭君和苏武。据说，庄稼会是刘都督倡导的，当地民众就把刘都督当地方神供奉，将庄稼会称为刘督爷，后误称为“牛犊爷”。

据传，明洪武年间，刘昭任河州都督，曾巡山打猎来到南乡即今日的和政、康乐一带，见山高地凉，庄稼不熟，且天灾频繁，匪祸不断，就动员山民垦荒，发展农耕。此后，这里风调雨顺，五谷丰登，蛮匪绝迹，民众得以安居乐业。

刘都督崇敬汉代苏武和王昭君，因而倡导民间供奉祭祀苏武和王昭君，在春节期间用文艺活动纪念他们，于是产生了一种小社火，因创自刘都督时期，便命名为“刘督爷”。为了纪念刘都督，大家便用载歌载舞的形式表演，一直流传至今。据当地老人回忆，在民国初和政的乡间，仍然保留着开种前两三天用犁破土的习俗，地里划几个大圆圈，象征着麦垛底子，预祝获得丰收。

农历正月十六，牙塘村进行牛犊爷表演。那些扮演录巴、白法师、使者、喜神、先生、庄稼佬等角色的人，手执鸡毛掸子、柳罩、笔墨、木犁、羊皮鼓等道具，挨家逐户送去祝福。看到表演牛犊爷的人来到自己家里，大家个个喜笑颜开，拿出备好的美酒、糖果热情招待，表达崇敬爱戴之情。

牙塘石咀牛犊爷 朱旭龙 / 摄

如今，在保留传统的基础上，牛犊爷逐渐创新，演变成春节期间的娱乐项目，传承发展于农户之中。

牛犊爷表演角色不多，仅 20 多人。主要有喜神两尊，涂白脸，戴麻胡须，头插翎毛，反穿白皮袄，手拿羽毛掸子等道具。画匠一人，戴红缨鞑帽，手拿笔墨，逢人道喜。法师八九人至十几人不等。从正月十五傍晚开始，牛犊爷就挨个儿进入农户庭院表演、祈福。白法师和喜神载歌载舞，进入农家上房，向户主说祝福词，用手中的道具在户主脸上头上画一下，以示赐福。其后，画匠上场表演，用蘸墨的毛笔在户主脸上涂画，边画边唱祝福词，祝愿庄稼丰收，农户平安。

牛犊爷表演要载歌载舞，娱乐性极强。以前人们缺乏文化生活，会想方设法寻求聊以自慰的娱乐方式，以丰富文化生活。因此，在每年正月十五晚上至十六日全天，人们采取这种方式，表达内心的情绪，以寄托神佛崇拜的精神生活。牛犊爷的表演，可说人人喜爱，尤其是老人。

在表演时，大家从四面八方赶来，围着倾听，目睹热闹场面。有人还提上好酒，邀请善唱者饮用，从而使表演更为精彩。表演可以增进左邻右舍的感情，消除隔阂，促进邻里间的关系。牛犊爷的表演具有文学性，没有丰富的社会知识、灵活敏捷的思维能力，是担当不起这一重任的。牛犊爷的曲调形式多样，时而高亢激越，时而稳重优雅，有诗一般的韵律、赋一般的辞藻。

和政牛犊爷，是沿袭了600多年的古老演唱技艺，一直流传下来，是一种奇特的文化现象，得到当地政府保护发展。2009年8月，被列为州级非物质文化遗产。2017年8月，被列为省级非物质文化遗产。

CHAPTER 06

临夏的手工技艺

保安腰刀制作　李亚龙 / 摄

临夏的手工技艺，是传统文化的重要组成部分，包括纯手工技艺或借助机械的技艺，但就目前发展状况而言，用手工技艺制作还是主要的传承方式。手工艺品实用性强，精细耐看，艺术性高，深受人们喜欢。临夏的手工艺品，类型丰富多样，涉及面广，有陶瓷、雕塑、织锦、刺绣、印染、花边、编织、地毯壁毯、漆器、金属、工艺画、首饰等，涵盖了从传统到现代的艺术形式，有着深厚的民族文化底蕴。

临夏是一个多民族地区。各民族继承了祖辈留下的手工技艺，在各种活动中广泛使用，创新发展，传承至今，成为特色鲜明的独门绝活，大多被列为非物质文化遗产。

临夏的手工技艺有艺术价值、文化价值、历史价值和经济价值，是一种文化传承，反映了特定地域和民族的工艺水平、生活习惯和审美观念，是重要的旅游纪念品和藏品，对促进文化交流、推动旅游业发展有重要的意义。

铺暖身心的手艺——东乡族擀毡

东乡人主要集居于东乡县，处于甘肃中部干旱腹地的群山丛岭间，被周围四条河流围得严严实实，北依黄河，西接大夏河，东临洮河，南靠广通河。这种地理状态，使得东乡族人较为完整地保留着自己的东乡语、民间手工技艺、伊斯兰教宗教信仰及悠久的历史文化。

擀毡这一民间工艺，已有上千年历史。据史料记载，东乡族擀毡技艺，最早是从蒙古游牧部落传入的。在宋末及元朝时，西北地区杂居着汉、蒙、回等许多民族，当时蒙古族人住在毡堡里，用厚实的毛毡作褥子，能防潮御寒，度过一个个严寒的冬天。周围的居民发现毛毡厚实温暖，抗寒耐用，就向蒙古族人学习。久而久之，擀毡技艺传至四方，受到普遍欢迎。东乡人学会后开始大量使用，随即出现了“毡匠”的职业。

东乡族聚居于山大沟深的山区，属于西部高寒地带。居住的房屋或简易的窑洞中，都搭有睡觉的土炕，炕上要铺厚厚的毛毡才能安心过夜，毛毡成为人们的必需品。

东乡人大多养羊，少则七八只，多则几百只，可以宰了吃肉，又能卖掉赚钱，还能剪下羊毛擀毡，睡着温暖过冬。村里的毡匠就地取材，发挥擀毡技艺，擀出价廉物美的各种毛毡，供铺炕之用，还能远销外地，有一定的影响力，在西北地区无人不知。

在东乡山区，不少以擀毡为业的人，常去周围村子揽活，还有的远赴肃北、青海、四川、新疆等地。毛毡种类很多，按羊毛种类分为春毛毡、沙毛毡、绵毛毡等。按毛毡规格分四六毡（宽4尺、长6尺）、五七毡（宽5尺、长7尺）、单人毡等。按毛毡花色分白毡、花毡、红毡、瓦青毡等。擀出的毛毡，柔软，舒适，匀称，洁净，美观大方，经久耐用，享誉西北。

擀毡的工具主要有弹弓、竹帘、沙柳条。根据制作毛毡的尺寸厚度，确定用毛多少。首先要给羊毛除脂，就是将无杂质浅黄色黏土碾碎，撒在铺开的羊毛上，用细长的柳条用力抽打，反复掺和，清除羊毛里面黏附的油脂。接下来用专门的弓（擀毡的一种弹毛工具）反复去弹，使羊毛变得蓬松干净。

将羊毛清理干净后，在放平的竹帘上均匀铺开，反复喷洒上水，然后捆起竹帘置于倾斜的门板，边浇热水边使劲儿踩踏，滚下去拉上来，拉上来再滚下去，反复多次，直到洗净污物，使毛变薄，大概成形。

竹帘卷着的毛毡基本洗净成型后，就解去绳索，铺平黏结成块的毡坯，测量尺寸，开始搓边。匠人拿根尺杆，对着毛毡的四边精准测量，研磨处理边角，使其变得规范、厚实、白净、美观。

擀毡的工具虽简单，工序却很复杂，分弹毛、擀毡、洗毡等。其中，弹、洗、揉边技术性强，尤其最后一道揉边工序，最为讲究。因为毡边参差不齐，不能用剪刀裁齐，只能靠手工揉弄，没有经验和高超手艺的人，是做不出笔直带棱的毡边的。

东乡族擀毡成品 马学龙 / 摄

擀毡技艺之清洗环节 马学龙 / 摄

擀毡选在太阳朗照的日子，院里搭上毡架、洗毡的门板，三五人拿着选好的羊毛，按工序进行。在擀毡过程中，人们有说有笑，其乐融融，不知不觉白净漂亮的毛毡就擀出来了。擀毡挂在铁丝和树枝上晾晒，干后就可以铺了。

在以前生活困难时期，擀毡极为兴盛，毡匠人数很多，毛毡需求量大，几乎家家使用。随着时代变迁和社会发展，很多人搬出窑洞，不再留恋土炕，毛毡悄然退出人们的生活，毡匠越来越少。随着老一辈擀毡艺人慢慢老去，擀毡技艺面临失传的危险。

随着近年国家重视非物质文化遗产，当地政府采取一系列措施，投入资金培训人员，建立保护基地，传承保护擀毡技艺。东乡县的龙泉、董岭、北岭、大树等乡重视度高，传承人建立了手工作坊，传授擀毡技艺。2008 年 6 月，擀毡技艺入选第二批国家级非物质文化遗产名录。

刀光里的民族史——保安腰刀

在中国传统的十八般兵器中，排名第一的是刀，刀是人类最早使用的冷兵器之一。在漫长的历史发展进程中，刀时常给人类带来流血和杀戮，但在甘肃有一个少数民族，就是因为刀而发展壮大，这个民族就是保安族。

保安腰刀与维吾尔族英吉沙刀、阿昌族户撒刀并称为我国少数民族三大名刀。据《积石山县志》记载，保安腰刀是聚居于大河家镇的甘河滩村、梅坡村、大墩村及刘集乡高李村的保安族人，发挥擅长打刀的技术，精心制作而成，故被称为“保安腰刀”。

保安腰刀，线条明快，造型优美，装潢考究，工艺精湛，既是日常生活用具，又是装饰品和馈赠亲友的礼品，深受西北各族人们喜爱，远销阿拉伯地区的许多国家，是保安族重要的非物质文化遗产。

保安人冶炼钢铁、打制金属器具的历史，与元代的军事活动相关，历史久远。据史料记载，成吉思汗自 1219 年至 1225 年，率蒙古远征军征服中亚细亚。1225 年，成吉思汗回师中原。1227 年，成吉思汗占领河州、洮州和金朝所属的积石州（辖现甘肃积石山，青海循化、同仁、贵德等地）。为了巩固这一地区，成吉思汗的军队建立了一支由保安族工匠组成的“探马赤军”，派到现青海省同仁县保安地区驻防。“探马赤军”跟当地的回、蒙、藏、撒拉等各民族相邻而居，亦兵亦工，互通共融，到明代时逐渐形成了保安族。

保安腰刀的出现，与元代的军事活动有关。“探马赤军”在同仁县保安城定居后，许多人从事手工业生产，出现了铁匠、金银匠、木匠、鞋匠等行业。铁匠制作土枪、弓箭等，同时具备制

保安腰刀 李亚龙 / 摄

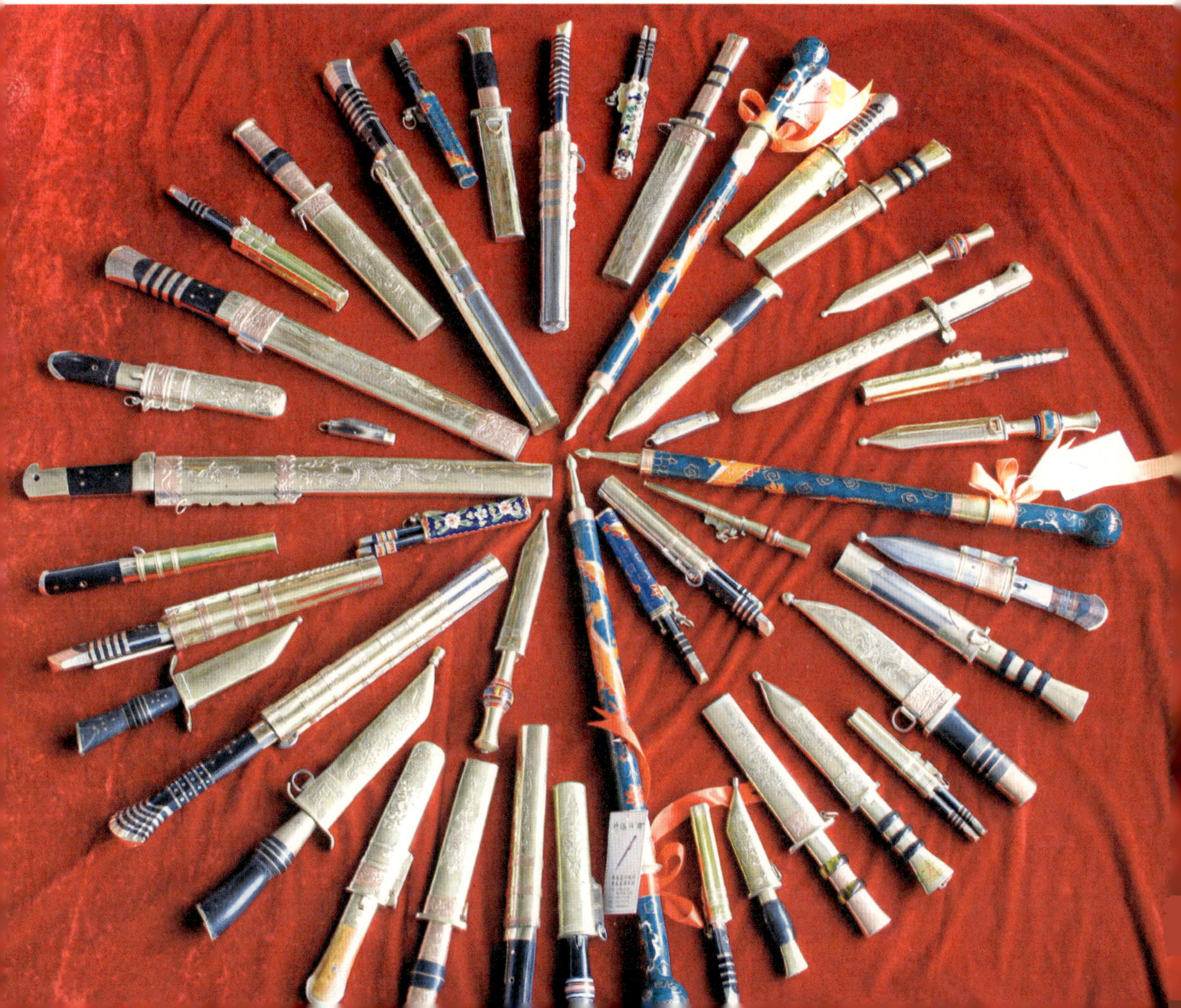

刀的资质。迁到大河家后，受到生活条件的影响，铁匠们制作的腰刀在用于自卫的同时，也具有了商品的性质，被用来交换牧民的牛羊和其他日用品。

保安语把打制金属器具的工匠称“果尔”，清代的《河州志》记载，“古族有果尔族”，说明元明时“果尔”已经形成一个社会群体，被称为“果尔族”。

保安腰刀有许多美妙的传奇故事。相传在南宋时，保安族的先民铁匠，在宋军驻守的一座城的城外开铁匠铺。那时南宋、西辽、蒙古、金朝、西夏、大理六个政权并存，连年发生战争。宋军认为，铁匠们在城门口打制农具和刀具会威胁城内的安全，就派兵驱赶。铁匠们认为自己安分守己，不过是给百姓打制日用品，没妨害宋军。双方争吵起来，争吵之后铁匠们与宋军打起来。铁匠们手劲儿大，有铁工具，一锤打瞎了宋军一个军官的眼睛，然后骑马跑了几天，到蒙古军驻守的一座城的门口。蒙古守军发现是铁匠，十分欢迎。蒙古军来自草原，缺乏各种工匠，就让他们在城内开铁匠铺。后来，这些铁匠因手艺高超，被元朝编入军户，为军队打制骑兵套具和兵器，后跟元军来到保安地方定居。

保安腰刀种类繁多，各具特色，著名的有什样锦、波日季、一刀线、双落、满把、扁鞘、蒙古刀、哈萨克刀、鱼刀等。刀面镌刻着手、龙、梅花等图案，用来区别不同的风格样式。

在保安腰刀近二十个系列产品中，最具代表性的是折花刀，因工艺复杂、刚柔相济、弹性良好、不易折断、刀体纹理奇特、刀刃锋利而著称。

保安腰刀丰富了中国金属工艺内容，巩固了保安族的文化根基，是保安族主要的经济活动之一。在改革开放后，能工巧匠们切磋技艺，对制刀的设计、锻打、淬火、镶嵌、砸铆等技术有了新的突破，为这些技术注入了新的活力。

钉补破裂的器物——东乡钉匠

钉匠，有的地方称锔碗匠，叫法有所不同。钉匠不只是锔碗，也锔盆、锔锅、锔缸等。有的地方称锔瓷人，同样也不只锔瓷器，还修补破裂的陶器、银器、铁器等。这“锔碗匠”或“锔瓷人”，在东乡语中称“伊哈赤”。

东乡县聚集着许多能工巧匠，他们掌握了精湛的手工技艺，某些地方名称就以当地工匠名称命名。如托木池，意为铁匠；阿拉苏池，意为皮匠，今属于坪庄乡；坎迟池，意为麻匠；免古池，意为银匠，今属于免古池乡；阿娄池，意为背兜匠；伊哈池，意为碗匠；毛毛，意为毛毛匠，今属于锁南镇。

据史料考证，东乡钉匠的历史最早可追溯到元朝时期，这一技艺是东乡族先民“撒尔塔”人从中亚传入的。在成吉思汗西征时，许多被俘的撒尔塔工匠随军来到中国，现在大多聚集于东乡县。

在东乡族中，钉匠也叫钻辘匠，就是拿着金刚钻，专门修补破瓷器的人。从整个东乡县来看，锁南坝、龙泉、坪庄一带的钉匠很有名气，技术高超，广为人知。钉匠技艺刚传入时，因受当时社会环境、生活水平限制，没有得到较大发展。清末至民国，东乡钉匠技艺才得到很大发展，达到了鼎盛时期，匠人数量很多，常活跃在村头巷尾，为百姓钉补茶碗、盘子、盆罐等，也揽接破旧眼镜的修补生意。许多钉匠技艺精湛，收费便宜，主动上门寻找钉补活计，深受人们喜欢。

在农闲时，钉匠们安顿好家中的各种事务，独自扛着一条扁担，挑起两只木箱——一只箱里装工具，一只箱里装带炉的风箱，翻山越岭，走乡串户，边走边喊“钉锅钉碗吆——”，吸引周围的人们。

正在钉补的钉匠艺人 马学龙 / 摄

听到吆喝的人们，就拿着破损的家什纷纷出了门，到钉匠跟前去看能不能钉好。钉匠知道生意来了，就选块合适的空地，放下两只木箱，拿出小凳子，坐下取出铁锤、铁砧、金刚钻、铜丝、弓弦、磨刀、弯钳等东西，摆在地上，招揽生意。人们围了一圈，争着递去破家什，问多少价钱，想快点钉好。

破裂的铁锅铁瓢、铝壶铜碟之类，需要焊补，才会结实耐用。钉匠在风箱火炉上点燃木炭，随着风箱拉杆推进抽出，抽出推进，风箱啪嗒啪嗒响着，炭火燃烧起来。钉匠将焊刀在火中烧红后，用铁钳夹住置于裂缝部位，烧熔焊锡，让焊锡流进缝隙，将缝隙焊接起来。

瓷器脆硬易碎，裂为两瓣或三五瓣，要钉补完整，做到滴水不漏，是很不容易的。那时人们普遍生活困难，瓷碗瓷杯瓷罐等器具，是凑钱买来的，被视为珍宝，小心用着。若不慎破裂也不舍得丢掉，小心保存着，等匠人钉补。

钉匠做活时，双膝并拢，膝上铺一层护巾，如工作的案几。接过瓷器置于护巾上，检查裂纹裂痕、破损程度，确定钉眼位置。查看过后，刮净瓷器破损处的污垢，用布带扎紧，使其恢复原状，夹于两膝之间。然后拿起金刚钻，左右拉动弓弦，在裂缝边打眼。钻头蘸上清油降温，继续打眼，直到深浅合适为止。

钉匠拉动弓弦的样子，似在演奏二胡乐曲，吸引许多人来围观。钉匠拉着弓弦，自得地摆头摇身，故意做出幽默滑稽的动作，惹得人们一次次发笑。打好孔眼后，用弯钳夹住铜丝，用小锤敲击，制成小铜钉，钉入对应钉眼，使其严丝合缝。最后抹上细土，打磨抛光，铜钉闪闪发光，煞是好看。

东乡钉补匠的工具 马学龙 / 摄

器具焊好后，里面盛满清水，静置于一边，看是否滴漏。器具钉补得好坏，是否美观，都为次要，关键是不能漏水，可以继续使用。过去，人们常用的铁锅、铜壶、瓷碗、火壶等，破了不会被丢弃，而是收拾起来，等着钉补。这跟农民穿衣一样，新三年旧三年，缝缝补补又三年。

钉匠心灵手巧，技术娴熟，对破裂的件件器物，变魔法似的转眼补好了，得到大家的一致称赞。

改革开放以来，随着社会发展进步，物资逐渐丰富，人们的生活水平有所提高，常用的瓷制品较为便宜，钉补茶碗和盆的人越来越少，只对少量名瓷文物、贵重眼镜等去钉补。这样钉匠工艺失去了赖以生存的环境。随着老匠人谢世，年轻一代不感兴趣，从事钉匠的人越来越少，钉匠技艺逐步退出人们的视野，几乎到了失传的地步。

近年国家重视非物质文化遗产，使东乡族钉匠工艺得到有效保护，对弘扬东乡族优秀传统工艺，丰富民族民间文化，具有重要意义。2008 年，东乡族钉匠工艺被列入省级第二批非物质文化遗产保护名录。

鲁班精神的传承者——永靖白塔寺川木匠

永靖古为西羌之地，汉代分属金城郡允吾县和金城县，当时就有出工匠的记录。经过历朝历代发展，永靖逐渐成为汉、藏、回、东乡、保安、撒拉等多民族聚集地，为各类人才展示才能提

正在工作的白塔木匠 刘强庶 / 摄

白塔木匠组图 钟世文 / 摄

供了丰厚的土壤。

永靖县三塬镇的藏传佛教寺院白塔寺，主要建筑是高耸入云、气势雄伟的白塔。黄河岸边及周边地区，统称为白塔寺川，习惯上称为河州北乡。自古以来，这里的木匠世代相传，人才济济，以独特的建筑技艺和精湛的工艺而闻名西北。

凡是当木匠的，都把鲁班认作祖师爷，在家中重要的位置供着鲁班的牌位。关于白塔寺川为什么能出许多优秀木匠，民间还流传着这样一个优美动人的故事。相传很久以前，鲁班修建完炳灵寺之后，路过这里时不慎掉落下一把斧子，自此这里便有了祖传的木工手艺人，一代一代不断传承，到清乾隆时达到繁盛时期，人数逾千人。

白塔寺川是木匠之乡，许多人擅长古建筑营造技艺，多以家族传承方式延续。每个家族木匠的技术权威、带头人俗称“掌尺”，起着传帮带作用。据《永靖县志》记载，1954 年白塔寺川的掌尺就有 1686 人。1978—2009 年间，白塔寺川掌尺共主持修建佛寺、庙观、清真寺 10126 座，遍及西北各地，大多数是省级和国家级文物保护单位。技艺传承七代以上的有 20 多家，大师级的工匠达 30 多位。修建的古典建筑，技艺精湛，巧夺天工，古朴典雅，独具匠心。西北地区，大到宫殿庙堂、寺院道观，小至村寨民居、亭台楼阁、池馆水榭等建筑，许多都出自白塔寺川掌尺之手。

木匠技艺的传承，主要依靠家族亲缘，古建筑修复也是如此。流传后世的一处古建筑，如果是由某工匠家族祖上所建，当地百姓认可其技艺与品德，在若干年后需要修缮时，还会寻找当初修建的工匠家族的后辈来完成修缮。

白塔寺川的古建技艺，有自己独特的风格。寺庙殿堂，可分为汉式、藏式、回式及藏汉结合式、回汉结合式等。藏式类有红教建筑、黄教建筑两种，传统藏式建筑多使用柱网结构，常有借鉴中原文化的歇山结构和金顶构件。回式类又分拱北型、多脊型、狼尾脊型等，建筑一般不讲究中轴线对称，崇尚简朴、素雅的格调。

白塔寺川掌尺善于建造传统木结构建筑，从建筑类别上说，以寺庙殿堂为多，兼及宫殿、官署、民居、陵寝及少量园林建筑。平面、立面形式多样，屋顶大多为硬山、悬山、歇山、攒尖、卷棚、十字交叉等定型样式，也有少量仿汉仿唐风格样式及由不同屋顶形式组合的新样式。

白塔古建作品的特点是装饰性。斗拱除一般的象牙彩、狼牙彩、旋风彩、四角彩外，还惯用六角斗拱、粽子彩（俗称三角斗拱）、凤凰彩（四边形斗拱）等。这些斗拱，有些是结构要件，承重受力，有些只起装饰作用。另一个是在藻井部位进行木结构装饰，最常见的样式为“天落伞”，繁复华丽。还有垂花柱，也起装饰作用。

在装饰时，运用雕刻和彩绘。在梁枋、柱头、雀替、天花等木构件上，通常雕刻或镶嵌花槽，再施彩绘。雕刻以木雕为主，技法有深雕、浮雕、镂雕、悬雕多种，图案寓意平安吉祥。木雕装饰自下而上多达十多层，极尽华丽。白塔古建的山墙、影壁、墀头、屋脊等处，施以大面积砖雕。砖雕是木雕工艺的延伸，喜用各种龙凤图案。

永靖县民居木雕 刘强庶 / 摄

白塔古建的彩绘，分为大小五彩和青装两种。大小五彩用于动物图案，红黄色居多，色调富丽。青装表现于山石花草，以蓝绿色为主，显得古色古香，也有不施彩绘，只用清漆涂刷的，多用于民居。

千百年来，这里的木匠用尺子、斧头、锯子、推刨、铿子、钻子、墨斗等简单工具，建造出各式民族建筑、亭台楼阁、宫殿庙堂、村宅民居。敦煌九层楼、月牙泉月泉阁、“四库全书”文溯阁、阳关博物馆、兰州飞云阁、会宁会师楼等近万座古典建筑的修建修复，很多都出自永靖木匠之手。

2008 年 8 月，永靖白塔古建筑修复技艺入选省级非物质文化遗产名录。2014 年 11 月，入选国家级非物质文化遗产名录。

针线绣出的美——东乡族刺绣

刺绣是在织物上绣制各种装饰图案的总称。刺绣分丝线刺绣和羽毛刺绣两种，是民间传统的手工艺之一，有两三千年的历史。

东乡族刺绣历史悠久，一直沿袭下来，具有良好的民间传统，体现出独有的民族特色和民俗文化。过去，东乡族妇女地位低下，日常活动范围很小，判断一个女人能力的标准，就是看茶饭针线，所以东乡族妇女从小就非常重视学习缝纫技术和烹饪技能。

刺绣是传统的民间工艺，主要由女性承担，一般来说女性继承了母亲的技能，缝制衣服鞋帽，婆媳世代相传，一直传承下来。东乡女性自幼以母为师，针线手艺一直伴随她们长大。到了婚嫁年龄，针线是反映东乡女性能干与否的重要标准之一。正式婚礼上，有个重要的仪式就是“表针线”或“摆针线”。在众人面前，摆出新娘刺绣的织物或饰品，考量其手艺的高下。

刺绣品类繁多，有窗帘、枕套、炕垫、床裙、沙发垫、冰箱布、台布、鞋垫、肚兜、耳罩、枕巾、小挂件等。根据所用工具不同，刺绣可分为机绣和手绣。机绣是指用缝纫机刺绣。手绣是用绣花针和断针制作的刺绣品。

东乡族刺绣设色大胆，每件绣品以红绿搭配为主调，再配以其他色彩，花红叶绿，色调明快，颜色艳丽，春色四溢，给人以强烈的视觉冲击，能让人感受到东乡人乐观开朗、热情豪迈的性格。

东乡族刺绣作品组图 马学龙 / 摄

东乡族刺绣，从风格和针法上可分为绣花和剁花两种。以前因为物质条件差，人们生活贫困，选择的绣布大多是涤纶材质的布料，俗称“的确良”。后来生活条件改善了，大多选用缎、绸、棉等布料。

绣线大多选用丝线，刺绣用的针比平常家用的要纤细小巧，富有韧度，不易弯曲折断。刺绣的基本针法多样而富于变化，有缝、挑、绣、绕、插、绾等，针脚细致均匀，色彩艳丽，图案形象生动。

绣花又分平绣与彩绣。平绣是只用一种颜色的丝线，通过针脚长短、不同的针法套用来刺绣，使绣品雅致、朴实、文静、清秀，与彩绣喜用大红大紫的颜色形成鲜明对比，这种刺绣体现了东乡人朴实、节俭的心理。

彩绣根据图案需要，使用七八根绣花针，穿上五颜六色的丝线，分层次进行刺绣，针针相嵌，层层相叠，镶色和谐，过渡自然。可以枝生花，花生叶，叶生枝，采用对称或自由连续的形式，任意布置，营造出明暗相宜、疏密有致的效果，如绣枝，墨绿色和翠绿色叠用，既区分出主枝和侧枝，又突出深浅层次感。

东乡族妇女制作刺绣饰品 马学龙 / 摄

奶奶的拿手活 马学龙 / 摄

彩绣喜用大红大紫的颜色，充满着人们对美好生活的向往。

剁花又称剁绣，是东乡族特有的绣法。由于剁花绣出的纹路用线量多，所以图案突起，丰满有质感，富有立体效果，能生动逼真地表现丛生花卉的茂密景象，充满活力，给人一种舒适之感。剁花多选用比较轻柔的布料，一般不用小巧的绣花针，而改用较粗的缝纫机针，与绣花相比，图案更加立体饱满，红似火焰跳动，绿若流水灵动。

刺绣纹饰的图案，多以杏花、牡丹、菊花、玫瑰、百合、梅花、兰花等花草为主，还有鸳鸯戏水、蜂飞蝶舞、孔雀嬉牡丹、鸟语花香、喜上梅头等动物形象，大多是对以前图案的模仿，也有观察后亲自画的。

刺绣大多采用写实手法，灵感源于现实生活的观察，将生活中的美绣在刺绣作品上，有积极向上的意义，如牡丹代表富贵大气，玫瑰代表爱情，兰花代表淡雅，荷花代表高洁，杏花代表希望等。

东乡族刺绣渗透着无数东乡妇女的聪明智慧，带有浓郁的民族特色，表达着对美好生活的向往，蕴藏着独特的艺术魅力。

王氏“打铁花”——永靖生铁冶铸技艺

在永靖县太极镇古城村，有一位名叫王业财的生铁冶铸技艺人，是王氏铸造技艺第十八代传承人。半个多世纪以来，王业财保护着国家级非遗项目王氏生铁冶铸技艺，精心铸造着各类产品，这些产品销往青海、宁夏、四川、浙江、陕西、山西、内蒙古、河北等各地，甚至走出国门销往海外。

永靖王氏“打铁花”，源于工匠们的祭祀活动，是以小炼铁炉将生铁化到 1600 ~ 1700℃高温后，将铁水打上天空使铁水四散，在空中形成“铁花火雨”景象，展示生铁冶炼行业的气派，扩大王氏生铁冶铸技艺的影响。

据王氏家谱记载，永靖太极镇古城村的王氏，原系山西平阳府洪洞县人。元末明初时，朱元璋派大将邓愈、冯胜等追击北溃的元军，由于军备需要，王氏祖先王宣、王训等人奉陕甘总督差调，从山西前往兰州修建黄河浮桥镇远桥，并负责铸造将军柱。镇远桥修成后，王氏逐渐垄断了甘肃的铸造行业。

明洪武九年（1376 年），王氏二兄弟铸造完将军柱，在兰州暂居了 10 余年之后，迁居皋兰县西半个川，即今永靖县太极镇古城村，历传 20 余代 600 多年。据明人徐兰《浮桥记》载，镇远浮桥是用两根铁缆将 24 只木船串连成桥基，南北两岸各竖铁柱两根作为缆桩，人称“将军柱”。

600 多年来，原建的四根将军柱现在只剩下一根，还矗立在桥南作为永久的纪念。将军柱高 5.8 米，重达 10 吨，底部直径 0.61 米，其上铸有“洪武九年，岁次丙辰，八月吉日，总兵官卫国公建斯柱于浮桥之南”的铭文。这根由王宣、王训铸造的将军柱，历经风霜雪雨、岁月变迁，依然矗立在黄河岸边，面对滚滚东去的黄河，见证着时代的变迁。

明朝晚期，王氏铸造已有几家，清至民国时期开始到处开炉

生铁冶铸之打磨 李国良 / 摄

打铁花　钟世文／摄

生铁冶铸　钟世文 / 摄

院铸造铁器，足迹遍及兰州、临洮、会宁、陇西、临夏及青海、宁夏等地。新中国成立后因各种历史原因，各地炉院基本停业。20 世纪 60 年代，王氏后人王业财跟随父亲王大华，到原兰州红旗机械厂的铸造车间，想以手艺讨生活。生在“炉院世家”、从小看惯“炉院家”的炉火、听惯打铁声的王业财，初次见到现代化机械和庞大的铸件时，大开眼界，极度震撼，惊叹不已。从那时起，王业财就暗下决心，要认真钻研铸造技艺，如光宗耀祖的先祖那样，一定要铸造出几件足以流传后世、引人称赞的大作品，将祖传的技艺发扬光大。

据王业财介绍，王氏家族的生计以冶铸为主，铸造的产品种类繁多。一是炊具与生活用具。传说，王氏十三代孙王建耀，为甘肃拉卜楞寺铸造的大锅，能同时招待上千人饮茶。二是农具，有犁、铧、水车、水磨、大车的滚轴等。三是法器，有钟、罄、铁狮、铁牛、香炉、千佛塔、铙钹、宝鼎等。四是人物造像。

王氏的铸造技艺，采用传统的翻砂工艺流程，包括筛砂、罗砂、拌砂、筑模（内模）、筑外模、烘干、卸外模、外模刻字（刷铅粉）、减模（内模）、内模刷铅粉、合模、化铁、浇铸、打磨、彩绘等。

在筛选做模的砂料时，要硬度和纯净度合适、透气性好、颗粒大小均匀，一切凭眼光和手感判断。内模多选得天独厚的当地黄河砂，外模砂选用砂井驿的粗砂，要经过筛、选、和、晾、晒等多道工序。

冶炼铁水的材料，要仔细挑选，把收来的废旧铁料敲出断面，凭经验判断铁料的成分，大致以灰口、白口区分。正式熔化浇铸时，根据不同器具的铸造要求，添加不同的辅料。为保证足够的溶液温度，选用产自内蒙古的焦炭，用三节炉和经过特殊耐火材料处理的盛液锅。

熔好铁水后，铸造者凭眼功判断铁水温度，选择合适的浇铸时机。溶液温度控制在 1000 ~ 1300℃之间，铁液颜色有白黄、黄、红、深红几种。采用一模一铸，每个不同器具用不同的模型。每件铸品要备料、做模、浇筑，还要打磨、抛光、上漆、彩画、挂件，最后才能完成。

多年来，王氏铁器铸造的古典法器，风格古朴，造型精美，工艺精湛，既是传统手工翻砂工艺的活标本，又是社会学、民俗学、宗教学、美术等学科的文化载体，产品覆盖全国各地，甚至远销美国、新加坡等国家。

让王业财引以为豪的是，在 2008 年奥运会开幕之际，他亲自设计铸造了奥运盛鼎。奥运盛鼎高 2.08 米，直径 2.08 米，如今存放在白银市平川区公园。该鼎虽不是规模最大的，但王业财通过自己的铸造技艺，用“鼎”的形式展现国家的强盛，这让他心中充满了无尽的自豪。

2008 年，王氏铁器铸造技艺被列为省级非物质文化遗产。2014 年 11 月，被列为国家级非物质文化遗产。

临夏的“硬花活”——临夏砖雕

临夏砖雕又称河州砖雕，源于北宋，成熟于明清，民国时达

临夏砖雕艺人 谢平林 / 摄

到鼎盛时期，是甘肃传统的建筑装饰雕刻，国家级非物质文化遗产。

1982 年，临夏市南龙乡王闵家村出土“进义校尉”王吉墓，这座墓建造于金代大定十五年（1175 年），整座墓室由 1000 多块土窑青砖镶成，保存十分完整。专家由此判定，在金代时，临夏民间的砖雕技艺已经相当成熟。

到了元代，重建的杭州真教寺（又称凤凰寺）建筑所饰伊斯兰风格的砖雕，画面精美，技艺精湛，证明回族匠师先辈们砖雕技艺高超。

明清两代，临夏砖雕艺术进入繁荣时期。社会经济的发展和手工业、工商业的繁荣，推动了商业发展和城市市民阶层的出现。商人利用商贸赚得大量资本，大量兴建寺院拱北和私宅府邸。回族匠师认同并吸收汉文化的优秀成分，运用于临夏砖雕制作，使其更为成熟，题材内容不断拓展。

临夏砖雕 谢平林 / 摄

清中叶以后，临夏砖雕的刻砖技艺，逐渐摆脱先前由瓦工兼作的状况而趋于独立，并在吸收汉族文人绘画、石雕、木雕等技艺的基础上，受西洋“巴洛克”“洛可可”艺术风格的影响，开始采用高浮雕和镂雕等雕刻手法，使临夏砖雕进入了空前繁盛时期。

民国时期，临夏以“西北三马”为代表的军政商界人物，积累了雄厚的资金，开始大兴私邸和寺院拱北，以马步青所建的东公馆、蝴蝶楼为代表。在建筑物上饰以精美的砖雕，成为一时风尚，风格由质朴简约变为细腻繁复，堪称临夏砖雕艺术的巅峰。

改革开放后，临夏支持民间艺人发挥专长，狠抓手工艺品发展，砖雕人才大量涌现，制作出各类砖雕产品。许多新建的寺院和人家门庭影壁上，装饰着各种砖雕。

从制作工艺来讲，临夏砖雕有捏活和刻活之分。捏活就是把调和配制好的黏土泥巴，放入模具，再用手捏成各具特色的形状，最后入窑焙烧。捏活作品大多独立成形，如龙、凤、麒麟等，用于屋脊俗称“脊兽”。刻活是在选好的青砖上，用刻刀刻出各种图案，工艺更为繁复，一个图案由十几块甚至几十块青砖拼接，多用于建筑物的墙饰、台阶等。刻雕的工艺包括打磨、构图、雕刻、细磨、过水、编号、拼接安装、修饰八道程序。工具有折尺、锯子、刨子、铲、錾、刻刀等。随着工艺要求不同，刻刀又分轻重、大小、长短、刃口宽窄薄厚数种。

在技法上，临夏砖雕常用雕刻和镂空相结合的手法，或圆雕或半圆雕，使图案跃出画面，具有立体感。而在次要部位和衬景处，采用浮雕方式处理，雕刻技法有阴线刻、凹面线刻、凸面线刻、浅浮雕、高浮雕、镂空式透雕等种类，是临夏砖雕艺术的精华。一幅砖雕重重叠叠，里呼外应，浑然一体，由三四层图案构成。

临夏砖雕在发展过程中，推陈出新，吸收了木雕、石雕、玉雕等雕刻艺术手法，同时融入中国传统绘画、书法、印章、诗文艺术表现形式，形成质朴、简约又活泼生动的艺术特征。砖雕用来装饰寺庙道观和民居，一般用于天井、山墙、影壁、廊心壁、丹墀、台阶、下槛、墀头、须弥座、屋脊等处。

砖雕的题材，可以分为自然景观、社会生活、富有民族特色的装饰纹样三类，其中自然景观最具特色，受众面广，有苍松翠柏、梅兰竹菊、奇花异草等植物，有黄鹤、喜鹊、孔雀、松鼠、小鹿等动物，还有将动植物与山水日月相结合，雕刻成富有深刻含义的整体图案，如龙凤呈祥、八仙过海、刘海戏金蟾、三“羊”开泰、五女做寿、耕读传家、麒麟送子、福寿禧禄、八宝博古、翎毛花卉、狮子滚绣球、鱼跃龙门等，表达人们对美好生活的向往。装饰纹样常见的有龙纹、莲纹、牡丹纹、几何纹等。

民国时的临夏砖雕，大师云集，艺人辈出，形成了回族砖雕的“绽派”和“周派”，代表人物为绽成元和周声普，东公馆的砖雕为“绽派”的杰作，红园和大拱北的砖雕出自“周派”之手。随着不断创新发展，后世相继出现了绽学仁、穆永禄、周敬德、沈占伟等许多砖雕大师。

1999年，绽派第三代传人穆永禄雕刻的《陇原胜景图》，代表甘肃参加昆明世博会，是临夏砖雕首次进入世界性博览会。曾受绽派代表人物沈尕安指导的沈占伟，凭借砖雕作品《博古架》一举成名，荣获第二届甘肃民间文艺“百合花奖”，2008年成为甘肃省非物质文化遗产传承人。2006年5月，临夏砖雕被列入第一批国家级非物质文化遗产名录。

河州的“彩塑”“泥玩”——河州泥塑

古老的中华文明中，女娲抟土造人的神话传说，将人类起源和大地泥土紧紧联系在一起，赋予泥土以生命的意义。人类最早利用大地的泥土，塑造出自然界的各种事物，形神兼备，装点生活。可说整个农耕文明的历史，就是农民在泥土中播下希望、收获成功的历史，是和泥土相伴相融、休戚与共的历史。

泥塑也称彩塑，是用泥土塑制各种形象的民间传统手工艺，始于西周时期，流传民间3000多年，是我国最古老、最具民族

河州泥塑作品 马通 供稿

特色的手工制品之一。河州泥塑具有独特的地域和民族特色，可追溯到5000多年前的马家窑文化和4000多年前的齐家文化，在遗址中出土的马家窑文化马厂类型人头形彩陶器盖，便是由泥质红陶捏塑而成，属于新石器时期的泥塑作品。

河州泥塑的特点是纯手工捏制塑造，技艺包括捏与塑两类。“捏活”是捏制小型造像，如二龙戏珠、凤凰牡丹、宝瓶、吉祥八宝等，多用于建筑的配饰。“塑活”也称“泥彩塑”，主要以塑造传统的寺院、庵、庙、道观建筑内的大型塑像为主。

捏、塑两种技艺完成后，还要进行施彩。泥彩塑的一大特点是三分塑、七分彩，塑是形，彩是神，泥是韵，色是魂。正因如此，塑匠必须具备扎实的绘画基础，只有掌握了捏塑与彩绘技艺，才能承揽到泥塑业务。

泥塑制作时，选用当地的红黏土、白土、细毛沙三种原料，按照4:3:3的比例掺和均匀，经过搅拌、锤、揉、捂等制作流程。也可根据所塑作品大小，加进糯米汁、蛋清、石蜜、棉花、纸筋、秸秆、麻穰等配料，使泥巴变得更为细腻黏柔、手感极佳，才能找到最佳灵感，创作出泥塑精品。

泥彩塑像多分布于大西北，在气候极为潮湿的南方难以长久存放。传统泥彩塑的制作流程，先做立骨架（立桩），然后开始上泥，一层“糙泥”胚子，二层“中泥”造型，三层“细泥”精塑、上色，最后完成补缝封漆、底部处理、沥粉、敷色、贴金等工序。

随着国家开始保护民间非物质文化遗产，河州当地政府也极为重视河州泥塑，动员鼓励，创造条件，加强引导，使泥塑有了进一步发展，一批优秀的泥塑艺人成为非物质文化遗产传承人。

河州泥塑作品 马通 供稿

2011 年，河州泥塑被列入临夏州非物质文化遗产名录。

河州泥塑技艺保护与传承的代表人物是常天平，其自幼酷爱美术，1983 年拜当地民间艺人、积石山系泥塑第五代传承人戚永武为师，学习绘画和泥塑技法，后又多方拜师求艺，不断提高泥塑水平。

常天平的泥塑作品题材广泛，内涵丰富，包括民族民俗、乡土记忆、农耕文化、工匠文化、民间传说、历史故事等。河州古朴的农耕文化、多彩的田园生活、璀璨的民族民俗风情、火热的生产生活场景等，都是其创作的题材，是泥塑艺术的亮点，包含着浓浓的家园情怀，抒发着对故土大地的热爱。常天平的泥塑作品，造型生动，别具一格，用巧手还原百姓的真实生活，为黄土高原的泥巴注入新的生命力。

2022 年，常天平带领创作团队 8 位成员，耗时 8 个多月时间，完成泥塑群雕《凤州古城》，这一作品成为全国稀有的惊世之作。该群雕作品长 10 米，宽 6 米，城池面积 60 平方米，人物 500 个，古建筑庙宇、宅院庭堂共 278 间，城楼 4 座，牌坊 4座，桥梁2座，轿子8顶，驼、马20匹，古树11棵，石狮3对。2022 年 4 月 26 日，《凤州古城》成功挑战“世界上人物最多的泥塑艺术作品”世界纪录。泥塑《凤州古城》气势恢宏，波澜壮阔，如一部长篇史书、一幅十里长卷，述说着古凤州的沧桑变迁。整件作品像民俗文化大观园，其内涵之丰富，令人叹为观止。

近年来，临夏通过泥塑工艺的研学旅行、非遗文化进校园、游客体验、培养泥塑技艺传承人等方式，使流传千年的河州泥塑，唱响陇原，走向全国，成为临夏亮丽的文化名片。

葫芦上刻画的景观——临夏雕刻葫芦

临夏雕刻葫芦起源于兰州刻葫芦，在继承其传统技法的基础上，又大胆改革创新，将书法、绘画、雕刻融为一体，以中国画线描为基础，以葫芦为纸，针尖为笔，以奇妙的构思、精美的图案、娴熟的刀法，在葫芦上雕刻人物、山水、花卉、飞禽走兽、唐诗宋词等，形成供人欣赏的艺术品。

葫芦因其外形奇特美观，颇吸引人，又与“福禄”谐音，被视为吉祥的象征，有“宝葫芦”之美誉。用葫芦雕刻而成的手工艺品，画面刻着山水人物、花草树木，一直深受民众喜爱。

临夏雕刻葫芦工艺复杂，除了选好皮细光滑没有瑕疵的“胚子”外，还要经过六道工序。一是开口。在选好的葫芦顶上旋一个圆口。二是掏籽挖瓤。掏籽要分次进行，一次掏光，葫芦会萎缩；挖瓤也须分次挖，边挖边晒，不然葫芦会“塌壳”。三是刮皮。开水泡 1 ~ 2 分钟后，用刀刮一遍，把打绿皮时没打净的老皮刮干净，为下一道工序做准备。四是抛光。以前是用手盘上光或用毛巾、老刀刮上光，现在改用抛光机上光，用电机带布轮打抛光膏，这样上光快、效果好。五是定稿。根据葫芦大小、结构布局，用铅笔把想好的图案，在葫芦表面仔细引出来。六是雕刻。以针代笔，用钢针沿引好的图案走一遍，走完引好的线条后上墨，然后细化处理，最后布景。

雕刻葫芦的“刀法”轻于金石，重于微雕，技法能上能下，大致与笔雕相同。点、挑、划、拉、刺、勾……轻重有致，力求眼、心、手配合默契。雕刻葫芦的功夫主要在手上，手劲要恰到

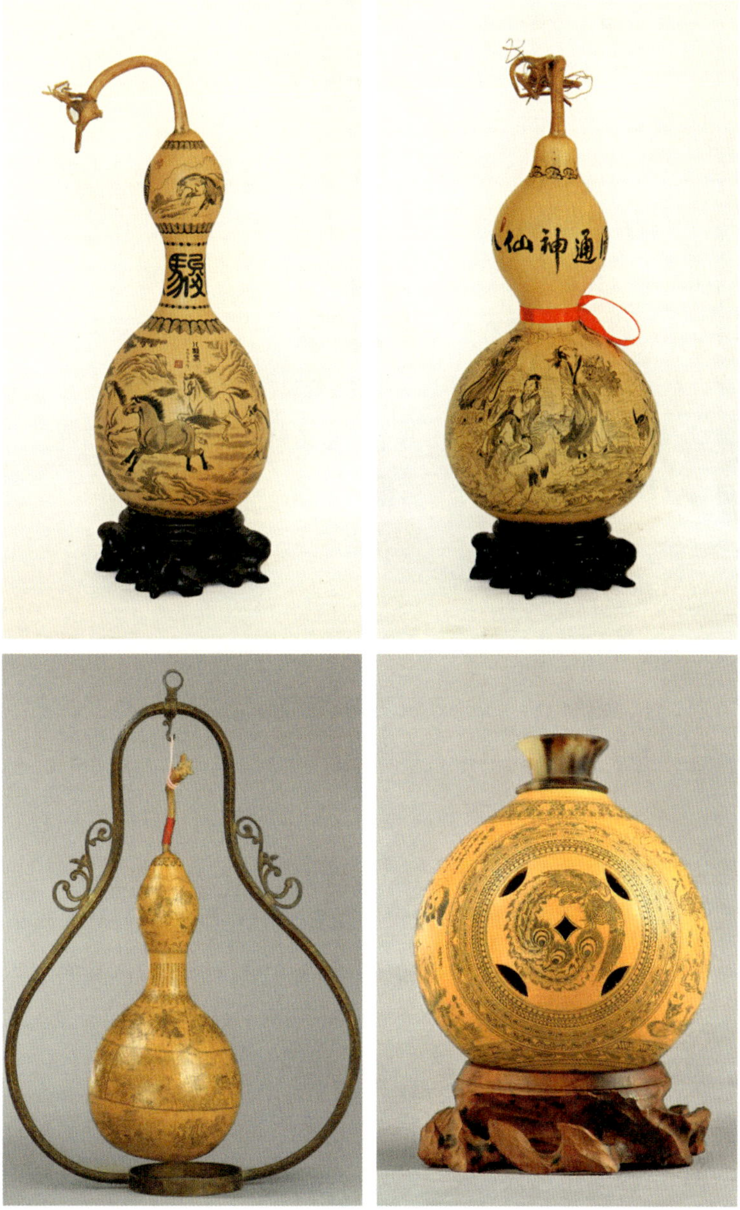

临夏雕葫芦作品组图 马通 供稿

好处，轻了刻不透，重了棱会断掉，所以要特别细心，求好不求快。雕刻葫芦最难的是刻素面，主要是白描，用线条表现出来，一气呵成，稍有不慎，整个葫芦就报废了。

关于临夏雕刻葫芦的缘起，不能不说已故工艺美术大师马耀良。马耀良是回族，1927 年 12 月 13 日出生于临夏市绘画世家，幼年家贫，全靠父亲卖画为生，受家传影响，从小喜爱绘画。10 多岁时，经人引荐，在兰州府城隍庙结识了兰州刻葫芦名家李文斋，在其精心指导下，加上跟父亲学画打下的深厚功底，开始废寝忘食、夜以继日地学习，开了临夏雕刻葫芦的先河。马耀良知道自己只有初中文化，要学好雕刻葫芦，只得反复临摹练习、琢磨钻研，摒弃粗糙的工艺，吸收微雕之长，采用针雕技法。一粗一细两根钢针，大针勾勒，小针刻画，使雕刻葫芦艺术日臻完美，光彩夺目。

1982 年，马耀良的 13 枚雕刻葫芦作品，在武汉举办的全国展览会上受到好评，马耀良雕刻的作品被列为国家出口旅游工艺品。1997 年，马耀良被甘肃省第二轻工业局授予甘肃省工艺美术大师称号。2005 年，被授予甘肃省工艺美术特级大师称号。其作品以十八罗汉、十八罗汉斗悟空、百鸟朝凤、刀马人物为主，以繁见长，显出高超的技艺。作品自成一体，难以复制，每个均极具艺术性和收藏价值。

葫芦雕刻艺术是民间工艺“河州三绝”之一，融书法、绘画、篆刻于一体，以中国画线描为基础，构图采用中国画的散点透视。将人物、山水、花卉、飞禽走兽刻入画面， 供人欣赏。2006 年，临夏雕刻葫芦被列入第一批甘肃省非物质文化遗产名录，跻身于艺术珍品之列，同年成立临夏州葫芦雕刻艺术协会。

2008 年 5 月，马耀良、马世贤被列为省第一批非物质文化遗产项目传承人。同年 7 月，在北京奥运会火炬传递兰州站举办的活动中，省二级工艺美术大师张作良创作的 5 个刻有奥运吉祥物福娃的葫芦作品，被选为特色礼品。2016 年 12 月，张作良雕刻葫芦《八十七神仙图》荣获第十二届中国工艺美术“百花奖”。

临夏雕刻葫芦作为非遗产品，近年得到各级政府的大力支持，人才辈出，雕法技艺高超，得到了很大发展，成为特色文化中的一颗璀璨明珠。

修复远古的器皿——临夏彩陶复制技艺

临夏是中国的彩陶之乡，出土的大量彩陶，制作精美，图案绚烂，品类繁多，艺术精湛，凝聚着古代劳动人民的智慧，反映了新石器时代人们的生活。这些彩陶是国家的珍贵文物，数量有限，价格昂贵，很少在市场上流通。

为了满足喜爱彩陶者的需求、弘扬民间传统文化、传承彩陶制作技艺，某些民间艺人探索研究，开始制作盆、罐、壶、瓶等彩陶手工艺品。复原的仿古彩陶，古朴逼真，真假难辨，技艺精湛，水平很高。

在临夏的各博物馆中，陈列的彩陶品相极为完整，外观相当完好。还有不少彩陶，多年来受到地震、山洪等自然灾害侵袭，大多已经破损碎裂，成为许多散落的碎片。要了解破碎彩陶隐藏

彩陶制作品（一） 杨廷明 供稿

的历史密码，复原原初的结构造型，焕发出彩陶原有的光彩，就只能靠修复师的巧手了。

修复师大多自小喜欢彩陶，痴迷于彩陶艺术，师承先辈的手工技艺或古老的家传，一代代延续至今。积石山县三坪村出土的一件彩陶瓮，造型美观大方，图案彩绘精美绝伦，赢得无数人惊叹，是国家一级保护文物，被誉为中国的“彩陶王”，现藏于中国国家博物馆，多次作为国家精品文物赴国外展出。这件彩陶精品，成为许多彩陶修复师模仿的对象。

根据鉴定，“彩陶王”属于马家窑文化的彩陶代表作，被命名为马家窑文化旋涡纹彩陶瓮。高 46 厘米，口沿有 4 只提耳，平口，短颈，阔肩，腹部逐渐下收，平底，系泥制红陶。外壁用黑彩绘出上、中、下三层纹饰。上层为花卉纹，中层为旋涡纹，下层为水波纹。这是原始先民高度智慧的结晶，新石器时代彩陶的代表作。

仿古彩陶的制作工艺，主要有以下六个方面。一是晒土，将选好的泥土在太阳下摊开暴晒，捡去石子枯枝等杂物，敲碎成鸡蛋大小的土块。二是碎土，将晒干的土块放进粉碎机，粉成面粉般的细末。三是练泥，将加水的细土搅拌成泥，经筛滤后的泥浆倒入地坑沉淀数日，取出有用部分揉制成团。四是制坯，将揉好的泥巴放上转轮，或用手捏成毛坯，再用小刀、塑料圆管等对毛坯收光晾干。五是敷彩，用画笔蘸上不同色调的矿物质颜料，给毛坏上色绘画，常见为黑色、红色和白色。六是烧制，敷彩后的陶坯入窑内密闭，用火煅烧。出窑之后用砂纸蘸水打磨，去掉附着物，就成为彩陶艺术品了。

齐家文化命名地广河县齐家镇的马成龙，出生于1963年，从小跟长辈学习彩陶制作技艺，成为最早的传承人。马成龙继承民间传统技术，以纯手工制作彩陶，技艺高超，造型多样，图案绚烂，具有风格古朴、色泽典雅、体型光滑、绘图协调等特点，广泛用于民宿茶楼、宾馆酒店、办公场馆等地。

马黑麦是州级彩陶修复与艺术品制作技艺传承人，出生于积石山县银川镇工匠村，从小喜欢泥瓦匠爷爷制作的水缸、花盆等家用瓶瓶罐罐。后在父亲的带领下，从学习修复远古彩陶入手，仿制各类彩陶器型，成为彩陶制作工艺的第三代传人。2018年，在甘肃省非物质文化遗产精品赴俄交流归国汇报展上，马黑麦的《彩陶王》获一等奖。近年来，马黑麦带着河州彩陶工艺品，去俄罗斯、哈萨克斯坦、马来西亚等共建“一带一路”国家，参加国际文化交流展览，让彩陶文化走向世界。2020年3月，马黑麦的彩陶修复与艺术品制作技艺被列入州第四批非物质文化遗产代表性项目名录。2023年12月，马黑麦被吸收为中国民间文艺家协会会员，东乡县林家彩陶文化旅游景区也被评为国家3A级旅游景区。

彩陶复原技艺，为人们了解古代文化、传统工艺和艺术审美，提供了重要的参考和研究对象，承载着人们对美好生活的向往，具有丰富的历史文化意义。

彩陶制作品（二） 杨廷明 供稿

感受花
“花儿临夏·在河之
康乐县第二届莲花山花儿文
花儿临夏 在河之

CHAPTER 07

临夏的节会

莲花山花儿会现场 谢新龙 供稿

临夏节会的起源和发展，经历了一个漫长的历史时期，已经渗入到临夏百姓生活的各个方面，是值得纪念的重要日子，是一种古老的民俗文化。临夏生活着汉、回、东乡、保安、撒拉等42个民族，各民族团结互助，和睦相处，其乐融融。跟全国各地的人们一样，临夏也过春节、劳动节、清明节、重阳节、中秋节等节日，这些节日增加了欢乐喜庆的气氛，丰富了大家的文化生活。

临夏是全国两个回族自治州之一，生活着以回族、东乡族、保安族、撒拉族为主的少数民族，信仰伊斯兰教，被称为穆斯林，有着独特的民族风俗、生活习惯、礼仪节日。临夏重要的节日有开斋节、古尔邦节、圣纪节、阿舒拉节等。

临夏的节会，除了伊斯兰教的三大节日，还有莲花山花儿会、松鸣岩花儿会、民族风情旅游观光节、中国花儿大会、河州牡丹文化嘉年华等。这些节会的举办，促进了文化交流与互鉴，增强了民族文化的丰富性和多样性，推动了多元文化和谐发展。

穆斯林的欢庆日——开斋节

开斋节是伊斯兰教的主要节日之一，是阿拉伯语“尔德·菲图尔”的意译，波斯语称之为“肉孜节”。在伊斯兰教历每年九月（俗称“斋月”），成年穆斯林要封29或30天的斋，每日黎明至日落要禁食，禁房事和一切非礼行为，时刻省察自己。

到了斋月，成年穆斯林妇女每天早早起来准备斋饭，让一家人吃饱喝足进行封斋。此后整个白天不吃不喝，按时完成拜功。直到夜幕降临才吃饭喝水，算封完了一天斋。

在斋月期间，每个人都要缴纳开斋捐。某些富裕的人家要拿出经商赚到的钱，施舍给周围的穷人、孤寡老人、残疾人、乞丐等。有些人捐到本村或外地清真寺里，作为寺里的教育基金，扶持年轻学子不断读书上进。

斋月结束时，当地的阿訇负责在夜空观察新月，确定正式开斋的时间。到了正式开斋那天，习惯早起的人们随便吃上一点儿东西，等待着节日的到来。天色蒙蒙亮，洗漱一新穿上干净整洁衣服的人们，抱着喜悦的心情，给街坊邻居道色兰问候，送去真诚的祝福。慢慢地，祝福的人越聚越多，人们按照早已形成的顺序，一家挨一家送去祝福，品尝备好的花馃馃、油香、馓子等美食。这一家的礼节行完之后，又到下一家送祝福、品美食，说说笑笑，其乐融融。

等太阳升起时，封斋的男性，不管年老年幼，都要到本村清真寺参加集体活动。知识渊博的阿訇，在众人聚集的大殿里，宣讲封斋的重大意义，劝诫人们节约粮食，不能浪费，要勤俭过日子。最后，人们在阿訇引领下集体礼拜，感谢平安顺遂，健健康康，日子越过越好。

举行宰牲仪式——古尔邦节

古尔邦节是伊斯兰教的主要节日之一，时间在开斋节后的

70天，即伊斯兰教历十二月十日。“古尔邦”的意思是“献牲”，因此这节也称“宰牲节”。

在这极其重要的日子，穆斯林们都要到清真寺礼拜，然后回家宰牲，将肉分送给周围的亲朋邻里并保留部分自用。

临夏的穆斯林在过节前，要打扫房间，洒扫院落，将家收拾得干干净净，东西放得整整齐齐。每家要炸油香、馓子、花馃馃等。孩子们换上节日的服装，脸露愉快的表情，欢乐地来回奔跑。成年人沐浴，净身，点香，换上干净的衣服，到清真寺会礼。

寺里的阿訇带领全体穆斯林讲“瓦尔兹”，即穆斯林教义和需要遵守的基本教规。讲完后，阿訇站在前面，带领身后排队的信众，向西虔诚鞠躬叩拜。

会礼结束后，每家忙着宰牲。条件好的人家每人宰一只羊，七人合宰一头牛，或一峰骆驼。宰牲不能宰不满两岁的小羊或不满三岁的小牛、骆驼，不能宰眼瞎、腿瘸、耳缺、尾少的牲畜，要选体壮健美的。肉一分为三，一份自己吃，一份赠给亲友邻居，一份施舍穷人。

临夏的成年男子过节时，要带家人去祖坟上香、念经、缅怀，强调让家人敬老爱幼，继承优秀家风，做一个善良孝顺之人。宰了牛羊的人家，要请阿訇诵经，祭祀亡人，祈祷家中平安、天下太平。

临夏的古尔邦节，与其他地方或许稍有不同，但主要内容还是一致的。中国信仰伊斯兰教的10个少数民族，都过古尔邦节。新疆的穆斯林过节时，还会举行丰富多彩的文娱活动，以示隆重的庆祝。

穆罕默德纪念日——圣纪节

圣纪节是伊斯兰教的主要节日之一，是先知穆罕默德的诞辰纪念日。

据阿拉伯史籍记载，穆罕默德生于公元570年，逝世于公元632年6月8日，为伊斯兰教历3月12日，穆斯林将这天称为“圣纪”或“圣忌”。相传，穆罕默德诞生于阿拉伯麦加一个没落的贵族家庭，取名穆罕默德，意为“受到高度赞美的人”，葬于麦地那。

穆罕默德去世约300年后，埃及法蒂玛王朝（909—1171年）首先举行纪念活动。12世纪，伊拉克等地也开始纪念，此后这一活动逐渐扩展到其他伊斯兰国家和地区。

临夏人过圣纪节时，侧重于纪念逝世日，会到寺里诵经念“尔麦里”，以表示怀念。有钱的信众给清真寺捐粮、油和钱，宰牛宰羊，制作美食，宴请宾客，隆重过节。这天，寺里张灯结彩，挂起绿色的横幅，用阿拉伯文写着纪念穆罕默德的字样，有时还写标语，增加节日气氛。

寺里的阿訇，在节前的主麻日讲圣纪的重要性，要大家准备过节。学董或头人叫来若干人去磨面，采购植物油、碟子碗筷等。妇女分成几组，在清真寺不同房间里炸油香、煮肉、做菜。这天，穆斯林不计任何报酬，都争先恐后来寺里干活儿，把干活儿视为行善。

成年男子在阿訇的引领下，诵经，礼拜，赞圣。阿訇宣讲穆罕默德的生平事迹、修养品德，及其在传教过程中所受的种种磨难，还有穆罕默德无数智勇善战的历史故事，教育人们牢记至圣的谆谆教诲，做一个真正的穆斯林。

礼拜结束后，人们坐在摆好的餐桌前，吃着端来的油香、包子、酥散、烩菜、米汤、牛羊肉等美食。离开时，还要带走一只油香，让没有来寺里过节的家人也尝尝。

近年随着生活水平提高，有些富裕的人家在清真寺过完圣纪节后，还要在自家宰牛或骆驼，请阿訇和村里的老人，祭主赞圣，诵经祈祷。过圣纪节是集体活动，众人义务出力，自愿捐散，齐声赞圣，这样既凝聚了人心，也体现出团结友爱的精神。

“大西北之魂”“活着的《诗经》”——莲花山花儿会

在康乐县西南部，有一座莲花般盛开的山叫作莲花山，远近闻名。每年农历六月这里举办花儿会，涉及周围三州六县。在60千米半径范围内的78个大小花儿会中，数莲花山花儿会历时最长，参加人数最多，朝山程序最全，影响最为深远，最具有代表性。

花儿是流传于我国西北部、多民族共创共享的民歌艺术，因歌词中把女性比喻为花朵而得名，以其丰富的文学、音乐学、民俗学、人类学、民族学、美学等艺术特色而引人注目。早在约

300 年前，莲花山地区的人们自发组织一年一度的民歌盛会，花儿被人们广为传唱，一直延续下来。二十世纪六七十年代曾沉寂了 10 余年之久，到改革开放后又开始繁荣起来。

甘肃的花儿，以临夏和政的“松鸣岩花儿会”（河州花儿）、临夏康乐的“莲花山花儿会”（洮岷花儿）与定西岷县的“二郎山花儿会”（洮岷花儿）两大支系组成。莲花山花儿会规模宏大，程序完整，分拦路、游山、对歌、敬酒、告别等不同环节，从农历六月初一开始至初六的主会场，会期六天，历经唐坊滩、上山、下山、足古川、王家沟门、紫松山等处，参加民众达几十万人。

莲花山花儿是花儿的一个分支，以莲花山的汉族为主，糅合

莲花山花儿会的演唱者 王德祥 / 摄

了藏族的“踏歌”、汉族的“碾场”劳动号子“牛拉拉”“烟雾拉”等多种民间艺术形式。传唱范围北至康乐、临洮，东至渭源、岷县，南至卓尼，西至夏河的广大地区。

各地所唱调式基本相同，但也因人文地理、民情风俗等诸多因素影响，唱腔唱法又有一定的差别，形成了不同的歌唱流派。北路的花儿是莲花山花儿，主旋律是人们常说的“两莲叶儿”调，传唱于临潭的甘沟、羊沙以北，卓尼县康多、临潭冶力关以东，康乐五户、景古及临洮西坪、玉井以南，渭源关堡以西的广大地区。

莲花山花儿会的特点是，创作的即兴性、韵律的固定性、语言的乡土性，俗称“野花”，以口传方式传承，代表性曲令有《莲花山令》等。主要歌手有景满堂、丁如兰、张生彩、朱淑秀、米兆仁、汪莲莲等。花儿会因群体性、独特性、娱乐性、通俗性等特征，被国内外学者誉为“大西北之魂”“活着的《诗经》”。

代表性曲令《莲花山令》，属于双句单段体结构，与大多数传统山歌大致相同。演唱时先用较长的拖腔“哎”开头，曲调看似比较单一，随着即兴演唱词语的不断变化，歌声感情跌宕起伏，曲调时而低沉时而高亢，旋律抑扬顿挫，内涵更为丰富。

花儿中的起兴句与最后合唱的尾声“花呀，两莲叶儿”，在完美的一曲音乐组合中，显示出双句单段体山歌无穷的艺术魅力。尾声与起腔时的衬句相呼应，加强了莲花山花儿较为单调的乐句，润饰着花儿的山乡色彩，更加突出了花儿的艺术个性。

莲花山花儿曲调高亢细尖，种类繁多，变化多样。歌词大量运用儿化音和方言土语，每段三到六句不等，句句力求押韵，按

学习花儿，非物质文化后继有人 朱旭龙 / 摄

韵脚数量分为单套、双套、三转腔等。歌词多用赋、比、兴表现手法，大量运用夸张、联想、回环、对仗等修辞手法。演唱内容除了早已流传的经典之曲外，一般围绕现实生活和爱情故事，进行即兴编词。演唱的形式基本由三到六人组成两个班子，每个班子由“串班长”（花儿词作者）带领，采用参唱竞唱的方式，在花儿会场对唱。

2004 年 10 月，康乐县莲花山被授予“中国花儿保护基地”称号。2006 年 5 月 20 日，莲花山花儿会被列为第一批国家级非物质文化遗产。2009 年 10 月，中国花儿（含莲花山花儿会）被联合国教科文组织列入人类非物质文化遗产代表作名录。

和政的“龙华歌会”——松鸣岩花儿会

松鸣岩在和政县城南 23 千米的吊滩乡，由西方顶、南天台、玉皇峰、鸡冠山四峰组成，是甘肃著名的三大花儿会场之一，也是河州花儿的发祥地。这里四峰并峙，古松参天，野牡丹开满山坡，是历代殿宇楼阁、亭榭飞桥汇集之地。根据记载，早在元代就有人在这里开窟塑像，修行隐居。公元 1465 年至 1487 年（明代成化年间），这里先后修建了玉皇阁、菩萨殿、圣母宫、独岗寺等殿宇，凿通了登山石阶和接峰天梯。这些殿宇大多建在三峰的悬崖峭壁上，依山就势，错落有致，十分险要。

松鸣岩花儿会是一种古老的传统民俗活动，起源于佛教龙华大会，每年农历四月二十六至二十九日举行，因此也称“四月八花儿会”“龙华歌会”等。2006 年 5 月 20 日，被列入第一批国家级非物质文化遗产名录。

相传很早以前，松鸣岩山清水秀，河滩开满牡丹。在明成化元年农历四月二十八日，和政县吊滩乡有位猎人经过这里，看见河边有一个美丽的姑娘在洗浴、唱歌，歌声像流淌的河水，婉转甜美。猎人被歌声迷住，就躲进林中悄悄学唱，情不自禁吟出声来。姑娘听见有人，就急忙披衣向山上跑去，猎人紧跟其后，到山坡树林时姑娘不见了。正当猎人失望地回头时，忽然从山腰传来姑娘的歌声。猎人转身急忙上山，赶到山腰时歌声又从山顶飘来，猎人又翻山越岭，到山顶时歌声未绝，却不见姑娘的影子。这时，从山下、山腰、东山、山顶等各处响起姑娘的歌声，猎人

松鸣岩花儿会 朱旭龙 / 摄

依歌而行，四处寻找，却再也见不到姑娘的影子。直到天晚时，猎人唱着学会的歌声回到村庄。

猎人回来后，就把奇遇告诉乡亲们，把学到的歌声教给众人。大家认为是天女下凡传歌，在松鸣岩修起了菩萨大殿，每年在猎人遇仙的日子，到菩萨大殿下面的山坡上，演唱仙女传下的歌以作纪念，把松鸣岩也叫成了“唱山”。

松鸣岩的民间，流传着“松鸣岩的神仙爱唱歌，端爱听人们的牡丹”的说法。因为这里野牡丹很多，人们把唱花儿也叫“唱牡丹”，形成了“到松鸣岩可以不烧香磕头，但一定要漫花儿”的习俗。用花儿敬仙女，以讨仙女喜欢，从而达到让仙女保佑的目的。

在花儿会上，周边各地的汉族、回族、东乡族、藏族等各民族歌手，云集于此，搭起帐篷，昼夜对唱。歌词运用当地汉语方言，语言朴素，亲切自然，富有生活气息。花儿的曲令由起音、上乐句、连接性衬句、下乐句和落音五部分组成，起音也叫引子，指歌唱开始的呼唤性衬词开腔。有独唱、齐唱、对唱、咪咪独奏等演唱形式。乐器有咪咪、四弦子、唢呐、二胡等。

花儿的内容，有对新生活的赞美，对劳动场面的描绘，对男女爱情的向往，对艰难生活的诉说，对历史故事的传扬。各民族的歌手聚集在山顶上、小河旁、树荫下、丛林间，引吭高歌，漫出美丽的“花儿”，唱出心中的“少年”，歌声响彻山谷，咪咪声此起彼伏，其情如痴似醉，美不胜收。

据明代《河州志》载，松鸣岩的灵湫泉位于州城南面一百里处，那里花草茂盛、香气宜人。山中有一处被称为“灵湫”的泉水，每逢大旱之年，百姓在此祈求降雨，泉水总能显灵应验。松鸣岩的寺庙建筑非常宏伟，当地老人曾见到洪武年号的石碑。

清朝进士张和作的《松岩叠翠》：“叠嶂层峦看不明，万松积翠锁嵘峥。楼台偶露林间影，风雨时听树梢声。羌笛遥传边曲古，雪山寒接暮云横。登临应有孙登啸，半岭斜阳鸾凤鸣。”咏出了松鸣岩的雄姿，其中“羌笛遥传边曲古”一句，既点明了人们吹“咪咪”的情形，也道出了花儿和羌笛悠久的历史。

清朝庠生祁奎元在《游松鸣岩》诗作中首记“唱牡丹”的情景：“松鸣佳景除尘埃，一度登临一快哉。石磴疑从云际上，天桥浑向画中排。林藏虎豹深山古，路接羌戎绝径开。我亦龙华游盛会，牡丹听罢独徘徊。”在其《松鸣岩古风》中有“老僧新开浴佛会，八千游女唱牡丹”的诗句，可见当时松鸣岩龙华会和花儿会的盛况，是文人墨客较早记载花儿会的文字。

2019 年 11 月，和政县文化馆被认定为“松鸣岩花儿会”国家级非物质文化遗产代表性项目保护单位。

CHAPTER 08

临夏的美食

油馃馃 马通 供稿

临夏是中华文明的重要起源地之一，早在5000多年前就有先民居住，赖以生存的食物也开始出现，历史极为悠久。作为古丝绸之路南道重镇，域外络绎不绝的各国驼队和商人带来了不同的饮食文化，这些饮食文化经过彼此融合，吸收优秀元素，增加了当地美食种类，形成了独特的风格。这种跨文化交融的饮食，是以当地传统美食为基础，吸收了中西亚诸国不同的烹饪技法而形成的。

临夏美食吸收了各民族美食精华，尤其是回、东乡、撒拉、保安等少数民族传统美食技法，大大丰富了美食文化的内涵。其传承方法：一是家族传承，许多制作方法由家族内部传承，先辈传给后辈，后辈传给子孙，代代相传下去；二是师徒传承，由师父带徒弟相传，手把手示范；三是非遗保护，被列为非遗的美食在政府扶持下，经培训人员、传授技艺得以传承；四是美食文化活动，通过举办美食节、美食大赛等方式推广美食，扩大美食的影响；五是旅游带动，美食吸引大量游客，促进了美食的传承发展。

临夏美食承载着普通民众的智慧和情感，体现了浓郁的民俗风情，与人们的生活息息相关。

面肠融合的美食——发子面肠

发子面肠是临夏的一种传统小吃，制作方法别样，味道鲜美可口，受到当地汉、回、保安、东乡、撒拉等各族民众的喜爱。

发子面肠 马通 供稿

制作的原料主要为发子和面肠，将这两样东西掺在一起拌上调料享用。这一美食流传了几千年，历史极为悠久。

北魏贾思勰的《齐民要术》记载了羊肠的制作方法：选取整副羊大肠，彻底清洗干净并去除杂质；将羊肉细细剁碎，达到绞肉般的细腻程度；切碎葱白，与盐、豆豉汁、姜末、花椒粉混合，搅拌至咸淡适中；将调好的肉馅填入羊肠内，扎紧两端形成肠段；取两根灌肠并排穿在烤叉上，用明火慢烤至表皮焦黄；烤熟后切片食用，肉质鲜嫩且油脂香气浓郁。这也许是羊肠制作最早的历史记载。

发子又名筏子，因其形状似当地水上运输工具羊皮筏子而得名。其做法是先取出宰的羊的肥肠，用清水加碱和醋反复清洗，

正在出售的发子面肠 马通 供稿

直到干净无任何异味。再将羊心、肺、肝、肉等细细剁碎，调入清油、葱、生姜粉、花椒粉、草果粉、精盐、味精等佐料，搅拌均匀。然后摊开肥肠，放馅卷成筒状，用细线扎紧封口，状如羊皮筏子。

有的将馅料一勺勺塞入肥肠，装满后扎紧封口，装进竹笼在锅中蒸熟，或放入沸水煮熟，取出切段装盘上席。有的将筏子切成寸长的半段，放进锅中煎烙，至黄脆后装盘，调上油泼辣子、蒜泥、醋等，鲜嫩不腻，美味可口，清香四溢。

面肠的做法跟发子类似，先洗净小肠。然后将面粉加水搅成糊状，加入适量淀粉、精盐、味精等，搅匀灌入小肠，满了扎住封口，装笼入锅蒸熟。在蒸的过程中用针刺破肠皮泄气，以防肠子破裂。蒸熟后切段装盘，或入锅煎至表皮黄脆再装盘，调上油辣子、蒜泥、醋等，味道更为鲜美。

发子面肠的制作工艺与火腿类似，发子与面肠存在着细微的差别：发子色泽暗红，面肠通体白净。按照临夏当地习惯，发子面肠是上等菜，盘底装面肠上面放发子，浇上辣椒油、蒜泥、醋等，色泽亮丽，风味独特。

以前人们生活困难，大多数人吃不上麦子磨的白面，只能用玉米、青禾等杂粮充饥，若能吃上一片肉是求之不得的，算是享受了。此时的发子面肠，因含有或多或少的肉，加上价格不贵，选择吃这个，同样可以享受到肉的美味。

在喜庆的日子里，家中主人宰牛宰羊迎接招待客人，发子面肠是席面上少不了的一道菜，客人香香地吃上几口，都很喜欢。制作发子面肠的女人，心灵手巧，贤惠聪明，茶饭手艺很好，才能做得出来。

在临夏的各个村庄里，发子面肠算一道上等菜，端来让客人先吃，自己也跟着吃，跟普通吃食一样。家在县城附近、发子面肠做得出色的，也到集镇街道上开店，对外销售，赚些小钱填补家用。不大的店里挤满了食客，大家排队等候，品尝发子面肠的美味。

随着人们生活水平提高，富裕起来的人认为发子面肠用料是羊肠，不是最好的羊肉，宁可花大钱吃羊肉，也不吃发子面肠，无意中忽略了其独特的作用和美味。现在，除了州府所在地的临夏市还盛行外，其余县城已经少见了。

近年来随着旅游业发展，临夏美食被外界广为熟知，具有极强的吸引力，发子面肠也成为游客争相品尝的一道美食。

东乡人的“全羊”——手抓平伙

东乡手抓和东乡平伙，是东乡人招待宾客的特色菜肴，是临夏乃至整个西北地区人们最为喜欢的美食之一，已有上百年历史。过去多在沿街摊点售卖，人们买后抓起来就吃，这便是“手抓”一词的来历。现在不用手抓而用筷子了，但“手抓”这一名称一直流传至今。

李时珍指出，羊肉能暖中补虚，补中益气，开胃健力，治虚劳寒冷、五劳七伤。常言道，“药补不如食补，食补不如汤补”。羊肉性温热，能强身健体。

早在南北朝前后，东乡羊肉是帝王的贡品，到了明代，被称为“枹罕赤髓羯羊肉”，也叫“枹地羊”，就是枹县（包括今东乡地区，当时尚无称为“东乡”的地名，“东乡”名称产生于清康熙末年）的红骨髓的羯羊，“枹地羊”名称由此而来。

东乡山大沟深，干旱少雨，牧草含水量少，富含各种营养，羊吃了这种牧草，膘肥肉嫩，纤维少而细腻，含有丰富的蛋白质及多种微量元素，深得许多人喜爱，在外界影响很大。东乡羊肉最好的是山羊羔，以“嫩牙”“尕对牙”为最。

制作手抓时要宰一只羊，准备盐、花椒、生姜、草果等调料。烹调方法有二。一是将刚宰的羊剥皮，去掉头蹄里物，清洗干净，然后整只放进锅里烧煮，等滚沸时撇去漂浮的血沫杂质，再放入精盐、花椒、生姜、草果等继续慢炖。等血水将干未干之时，用筷子轻插，若能插进就立即捞出，沥净浮水。二是将宰了的羊卸成前胛、后胛、胸衩、背子、肋巴、尾巴骨六块，入锅炖

东乡手抓平伙 马忠华 / 摄

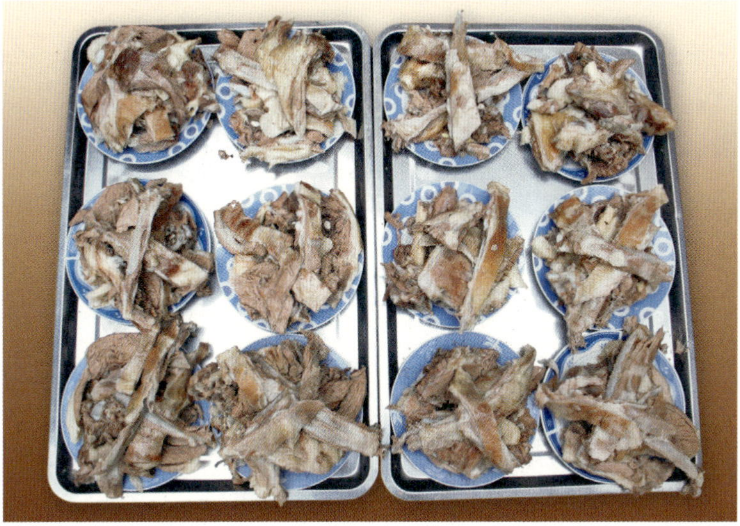

平伙羊肉 马忠华 / 摄

煮，方法同上。

装盘的方法也有两种。一是将煮好的羊肉剁成肋条、胸衩、背子、尾巴等，分别置于盘中上席，称系列手抓。二是将大块羊肉，以胸衩和背子垫底，上面摆上肋条，食用时要醮椒盐和油泼蒜泥，也有不醮蒜泥，用蒜瓣同吃的。

在农闲或雨雪天气，村里脾气相投的人在某家一同聚餐，开始商量着吃平伙。每人出一份钱，买来膘肥体壮的羯羊，开始宰杀制作。选定的东家付出了劳动，不出羊肉的钱照样也能分到一份。

吃平伙的羯羊要囫囵去煮，也就是所说的“全羊”，然后端到所有人面前，选出三两个眼疾手快的人，将“全羊”分别割下分成均匀的等份，每人分到一份，要算上东家的一份。在割羊肉时每个部位都要切到，搭成均等的份子，每人一份各吃各的，吃不完了自己带走。在吃肉之前吃发子、肉汤煮的面片，又接着吃肉，在热热闹闹融洽祥和的氛围里，人们说笑着互相打趣，消除误解增进友谊。

选定的东家卫生干净，茶饭做得好，人们吃了羊肉和面食，是东家付出了辛勤的劳动。给予东家的回报不仅是一份同样大小的羊肉，还有羊头蹄、下水等，东家过后抽空将这些羊头蹄、下水等清洗烧煮，供全家享用。

在生活困难时，聚众吃平伙的人，在吃了面片、羊的心肝炒成的发子、油香包子之后，吃几片肉就饱了。剩下的用甘蓝叶、旧报纸等包好带到各自家中，让没有吃羊肉的家人也尝上几口，享受难得的美味。

在所有食物中，羊肉价格贵，每斤几十元，有的甚至上百元，一般困难家庭吃不起，不会上街买来吃。只有隔三岔五吃吃平伙，分得一份肉一家人解馋。

后来生活条件好了，东乡手抓和东乡平伙很是盛行，从农村进入城市，从地方走向全国，沿海各大城市都有销售。外出做生意的人，在陌生城市里偶然看到东乡手抓，都想进去好好吃上一顿，品尝家乡的味道。

洮河边的揪面片——河沿面片

河沿面片是一种面食，是由 1949 年前从广河县留传下来的炒面片演变而来，源于洮河西岸三甲集临园一带的邓家饭馆和麦苏热饭馆，故称河沿面片。身处大西北的人，虽所处地理位置、气候条件、从事职业不同，但大多喜欢吃面食，河沿面片是其中一种，受到无数人的青睐，是临夏十大面食之一。

河沿面片出名和赢得众人喜欢，跟厨师的技术有关，也与临园洮河水不无关系。许多路过兰州、甘南、临夏及青海等地的人，在路上早早掐好饭点，注意行驶速度，按时赶到临园河沿面餐馆，痛痛快快吃上一顿，然后心满意足地赶路。

制作河沿面片，就得选用精制的优等面粉，这是面片的主要原料，丝毫马虎不得。弄来了优等面粉，就用 20 度左右的温水加少许食盐调和，反复揉制，等面团揉匀松软有弹性后，切成若干小面球，表面涂一层植物油，在热的地方放一段时间。等面球饧软后，将面球在面板上擀成长长的细条，拿起拉长揪于开水锅中。等面片煮熟后，用滤勺捞起放入凉水里漂一下，然后倒入炒锅。

饭馆里师傅多少，三五人或七八人，按餐馆规模大小来确定。餐馆里的人都有明确分工，洗碗的、擀面的、炒菜的、和面的、端饭的、收钱的，各尽其责，互相配合，使餐馆高效有序地运作。做饭的人员分为两拨，一拨炒菜一拨揪面片。至于何时炒菜何时揪面片，根据来人多少确定，相互配合，不早不迟，恰到好处。

一拨人揪面片时，以大厨为主的另一拨人将切好的优质羊肉（多用后腿肉），放入过油的炒锅中用大火爆炒。等到羊肉褪去血色，加入葱末和少许粉条。爆炒一阵后，将面片倒入炒锅加进

面片制作培训 杨廷明 供稿

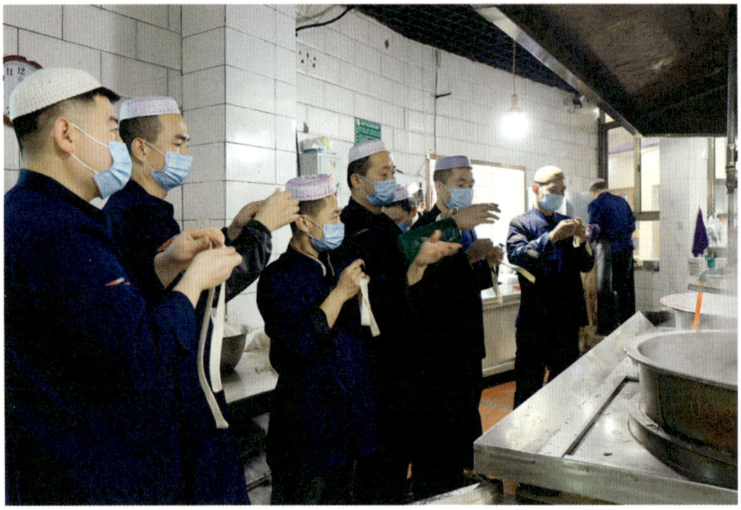

面片制作 杨廷明 供稿

羊肉腥汤，反复搅拌均匀，放入花椒粉、味精、酱油等调料。技术娴熟的大厨，边抛起搅和边大火爆炒，很快就做成了。

端饭者按照买票或付款先后顺序，给每位客人端去河沿面片。每桌人数不一样，一二人或四五人，看到河沿面片上桌，人们依照口味习惯，调进少许食醋、油泼辣子等，有的还吃几颗新蒜。

制作河沿面片有几个独特的讲究，一直被默默遵守。一是团好的面球，要把握好度，够一碗的量，不多不少，揪进锅里的面片，以指甲片大小为宜；二是炒的羊肉，全是肥瘦适中的羯羊肉，不能是其他羊肉，每碗肉量二两，添进羊肉汤；三是按照饭菜比例，肉、葱、粉条、汤等加起来，与面片的量各占一半。

当然，临夏的各种面食都有不同的制作方法，如老炒、搅团、炒面片、牛肉面、雀舌面、汤面片、馓饭等，方法各不相同。河沿面片柔滑劲道，油而不肥，肥而不腻，味道醇厚，鲜美无比，已进入陇原名吃系列，声名远扬，成为古丝绸之路主要的乡村美食之一。

叫“干馍”的面食——临夏锅盔

临夏锅盔是临夏人制作的一种民间小吃，也是传统的特色美食，因形似圆圆的头盔而得名，广泛流行于陕西、宁夏、青海、新疆、甘肃等地。人们一说起临夏的锅盔，认为最好吃最有名的，是临夏市店铺里出售的。临夏市的八坊人多为地地道道的回民，十分注重茶饭饮食，每个女人从小就要学会做茶饭，母亲带女儿，代代相传，做锅盔就是其中一例。

制作锅盔的原料主要是植物油、面粉、碱面、大葱、苦豆（香豆粉）、糖等，还有秘制调料。拿来飘香的面粉，加入温水搅拌均匀，使其成为湿湿的面块，然后放在面板用擀面杖使劲按压，边折边压，最后压匀成为圆盘，切成两块，加入酵母和碱水继续揉压。若是太软，再加进干面，直至面光色润，酵面均匀，用温布盖严静放一阵。

锅盔的大小，以600克左右的面块为宜，擀成直径约22厘米、厚约3厘米的圆形饼，置于鏊盘勤快翻转，俗称“三翻六转”，烙到皮色均匀、微鼓时就熟了。临夏锅盔以发酵的面团为主料，按照辅料葱油、糖等不同，分为葱油型、糖酥型和白饼型。

制作锅盔的工艺要求精细，素以“干、酥、白、香”著称。干硬的锅盔十分耐嚼，内酥外脆，白而泛光，香醇味美。其独特的香味不仅来自原汁原味的原料，更来自复杂的工序。

走在临夏街道，一说起哪家的锅盔好，市民都会如数家珍地说枫林路的、新华街的、北大街的、大十字的等。随着时间延续，锅盔师傅的来往去留出现新的情况，或延续，或转业，或倒闭，或转让，变为新店。最有名的锅盔店，是枫林路的，这家店几十年来一直专注于做锅盔，是临夏的老字号店铺，几乎每个市

临夏锅盔（一） 马通 供稿

临夏锅盔（二） 马涌 供稿

民都知道。

关于锅盔的分类，添加葱、油和苦豆的，叫锅盔，添加糖和油的叫糖酥。人们不仅做锅盔吃锅盔，还把锅盔当作表示敬意的礼品，赠送给远方的亲朋好友。

出售锅盔时，在店铺窗口摆一个柜台，上面码着刚出炉的锅盔，周围是加工的案板、烤炉等。锅盔师傅用一种叫鏊的传统铁质器具烙制锅盔，掌握好火候，凭经验制作。只有经验丰富、技艺娴熟的人，才能担当主角，起决定作用，一般人只负责粗浅的事。随着技术进步，现在锅盔大多都用电烤炉烤制，省去人工烤制的诸多环节，虽然工艺简单了许多，但味道没有丢失。

临夏有句俗话叫“有牙齿的没锅盔，有锅盔的没牙齿”，意思是想吃好东西时，没有经济能力，有经济能力时，因身体等原因却不能吃了。

临夏锅盔表皮黄脆，里瓤柔软，放十天半月不会变质，葱油香味不会散去。许多有名的锅盔店铺，存在了几十年甚至上百年，保存着几辈人对美食的记忆，承载着临夏人无法忘怀的情怀。

随着外出人员增多，经商旅游的、度假的、探亲访友的，都要带上临夏锅盔，作为一种馈赠礼品。在各种食品种类繁多的今天，临夏人依然制售着传统美食锅盔，丰富了中华美食文化，体现着对生活的热爱。

面馅包出的情味——河州包子

河州包子是临夏的特产，以面皮好馅子考究而著称，有包子、合子、角馍之分。面皮上有褶皱者为包子；以糖、核桃仁为馅且外露者为合子；形似三角形、半月形而有角者叫角馍，分糖角、枣角、菜角等。

说到包子，天津的狗不理、上海的南翔小笼包、西安的灌汤包，可谓全国闻名，人人皆知。而临夏的河州包子，虽没有以上的名气大，但也驰名陇上，具有悠久的历史，人人喜欢。包子的名称始于宋代，《燕翼诒谋录》：“仁宗诞日，赐群臣包子。”包子后注曰：“即馒头别名。”有馅的馒头叫包子，意思是包子有馅，馒头无馅。

北方将无馅的称馒头，有馅的称包子。包子一般用面粉发酵做成，依馅心大小不同做成不同的包子，依次称为小包、中包、大包。 馒头的历史可追溯到春秋战国时期，《三国演义》中，有诸葛亮用馒头祭祀泸水神的记述。

河州包子的制作，可分为面皮和内馅两部分。包子的面得提前发酵，温水和面做出的表皮一定要薄，做到疏松饱满、不粘牙，才是最佳状态。取出发酵的面粉，加入适量食用碱，反复揉匀，搓成棒条切成小段，压扁擀成圆形面皮。也有擀成整张，再切成大小相等的方形，用来包馅。

河州包子的绝活是馅。剁碎混合的牛羊肉、韭菜、胡萝卜、白萝卜等，搅拌匀称，再放进粗盐、姜末、胡椒粉、花椒粉、草果粉、鸡精等。何时放调料，按什么顺序搅拌，都很讲究。包包

河州包子（一） 马通 供稿

子时拿小勺盛满馅，倒入左手摊开的薄面皮上，轻轻合拢包裹。右手沿顶部从右至左慢慢旋转，捏出无数褶皱，紧紧合拢圆顶，调整好形状，一只包子就包好了。

萝卜香、葱花香和肉末的香味，混在一起，刺激人的味觉。韭菜馅的肉香、韭菜香和面香掺和在一起，味道鲜美，令人馋涎欲滴。还有称作糖三角或糖包的，糖汁满溢，吃起来极为爽口。

有句老话说，馅是魂，褶是衣，没有褶的包子不称为包子。河州包子的皱褶很讲究，长短距离深浅一致。

蒸包子时，在蒸笼底部的竹片或木片上，抹上一层黄色的植物油，以防包子熟时粘连。拿起一只只包子，均匀摆进去，注意留下适宜空间，包子在沸水锅中蒸 12 至 15 分钟就熟了。在碟中的包子上，浇上锅中撇出的浮油，蘸着辣椒油、陈醋等，就可以吃了。

河州包子（二） 马通 供稿

河州包子的馅料，随季节时令变化而变化。春韭菜，夏韭苔，秋地达菜，四季均用胡萝卜。蒸熟的包子看上去油黄面白、晶莹剔透，有人称其为“金包银”，寓意财源广进、吉祥幸福。

河州包子味美、馅多，以及面皮上精致的褶皱，使其在甘肃有很高的知名度。河州包子以私营为主，门店遍布甘肃。对于河州包子，临夏流传着这样一句话，“有肉的包子不在褶褶上”，意思是河州包子馅料极其重要，褶皱只是其表面的装饰而已。

河州包子作为民族特色美食，在店铺里销售，也在家里常吃。在婚丧嫁娶、待人接客、走亲访友一块儿吃饭时，餐桌上都有河州包子。

各种特色美味——临夏小吃

临夏有着独特的民族习俗，能烹饪出各类特色小吃，分量小，价格便宜，能快捷食用，以制作精美、历史悠久而闻名陇上。著名的有甜醅、油馃、搅团、馓饭等，不仅当地人喜欢，还吸引无数外来的游客品尝。

甜醅

甜醅俗称甜麦子，是临夏著名的传统小吃，以口味香甜、老少皆宜而驰名，尤以广河甜醅最有代表，有两千多年的历史。甜醅的主食材是燕麦、青稞或莜麦，制作简单，口味香甜，流行于甘肃、青海、宁夏等地。

曾有顺口溜说："甜醅甜，老人娃娃口水咽，一碗两碗能开

广河甜醅 杨廷明 供稿

胃，三碗四碗顶顿饭。”意思是甜醅散发出阵阵香味，夏天能清心提神，消除疲倦，冬天能暖胃健身，增加食欲，吃多了就跟饭一样，也会饱的。

制作甜醅时，先除去莜麦或青稞的外皮，用簸箕簸净，清水洗去杂质，入锅煮熟，表层开裂后出锅晾凉，加入甜醅曲和匀。一般 15 斤主食材兑入 25 克甜醅曲，装坛密封，在 15℃左右的环境中放置 3 ~ 5 天，等发酵后味道醇香、清凉、甘甜，就可以食用了。

甜醅一般家庭都能酿制，日常都能吃到，也可到街市摆摊出售，或专卖店批发。广河甜醅已经形成规模生产、批量酿制，远销兰州、西宁、银川、北京等全国各地，进入各大商场饭店，广受好评。

油馃

油馃是临夏穆斯林妇女制作的一种工艺独特、造型奇丽、图案精美、用料考究、香甜脆酥、颇为可口的传统油炸食品。配料有优等粉、熟面粉、鸡蛋、红糖、白糖、蜂蜜等。制作时先按品种不同，将面调和成各色面团，揉匀，经数道工序，做成菊花、梅花、桃花、葫芦、桃子、莲花、柳树、牡丹、石榴、姜片等形状，放入油锅炸熟即成。

油馃以面粉为主料，被心灵手巧的妇女以各种手艺技巧，做成千姿百态、色味俱佳的食品，可以用来招待客人，也可作为馈赠亲友的佳品，显示出独特的民族风味，体现着不同的饮食文化。

酿皮

酿皮又叫酿皮子，为临夏最负盛名的凉拌食品和民间小吃，物美价廉，经济实惠，工艺复杂，技术难度大，以高筋粉为基本原料，经过五道工序才能制成。

制作酿皮时，先将优质面粉加水揉成硬面团，在清水中反复搓洗，使面粉中的蛋白质与淀粉分离，蛋白质俗称“面筋”，将其入锅蒸熟，切成薄片待用。淀粉溶于水中，待到沉淀后倒掉表面清水，加入少许碱面，调和成稀糊，舀入平底盆中，上竹笼入锅蒸熟。

吃酿皮时，将一张圆形的酿皮子，切成细细的条状，装碟配上面筋，加入适量酱油、香醋、蒜汁、香菜、黄瓜丝、盐、芝麻

酿皮 马通 供稿

八宝盖碗茶 马通 供稿

油、辣椒油，调拌均匀。酿皮色泽晶莹黄亮，半透明如玉，青黄红白，细腻润滑，筋道柔韧，咸、酸、香、辣、鲜五味俱全，增强人的食欲，赢得无数人喜爱。

临夏大街小巷里，随处可见销售酿皮的店铺摊位，是最能代表地方特色的民间小吃，已经登上宴席的大雅之堂，成为各大饭店餐厅必备的一道凉菜。

八宝盖碗茶

八宝盖碗茶是中国传统的饮品之一。八宝茶是临夏特产，以其独特的口感和风味闻名于世。饮用可以祛暑解渴，养生健身，具有一定的药用价值。

据传，八宝茶源于明代，当时朝廷权贵们喜饮用八宝茶。后来传到临夏，因独特的制作方式和口感，被一直传承下来，成为当地代表性饮品。

八宝茶由八味中药材和茶叶组成。八味中药有黄芪、五味子、枸杞、红枣、桂圆、龙眼、茯苓和人参。中药能调节身体机能，增强免疫力，促进身体血液循环，起到补益作用。

制作八宝茶时，要注意中药材和茶叶的比例，按照一定的制作步骤，将其混合在一起，放入盖碗中，注入适量热水，搅拌均匀，就可以喝了。八宝茶能滋润口腔，清热解毒，起到增进身体健康的作用。

糖瓜

糖瓜也叫饴糖、麦芽糖等，是一种民间小吃，用黄米和麦芽熬制，棍状的称关东糖，扁圆形的叫糖瓜。

饴糖制作时，先淘净上等糜谷上笼蒸熟，拌上麦芽装在缸或木桶里，置于火墙加温发酵。适时拔去桶底塞子，流出的糖水入锅熬煮做成饴糖浆。师傅将饴糖一头缠在木桩，一头绕在手腕蒸馏盘拉，叫拉糖，随后做成板糖。用丝线拉切成棋状的叫“白疙瘩”。

糖瓜的大宗原料用优等粉、鸡蛋、清油等，还用核桃、胡麻、花生米、红枣、芝麻、杏仁等原料，做出各种类型的糖瓜。

河州的回族、东乡族等群众结婚时，习惯在洞房里放糖瓜，让新郎新娘分享，寄托着长辈祝福婚姻美满之意。冬季是糖瓜销售的旺季。汉族群众在每年腊月二十三晚上，买糖瓜敬献“灶神爷”，让其“上天言好事，回宫降吉祥”，带来风调雨顺，使人们过上幸福生活。

CHAPTER 09

临夏的物产

唐汪大接杏 马忠华 / 摄

临夏位于甘肃中部西南面、黄河上游、青藏高原向黄土高原过渡地带，黄河自西北进入贯穿北部，流长 124 千米，有洮河、大夏河、湟水河等黄河一级支流。西南部高寒阴湿，东北部干旱，河谷川塬温和，丘陵纵横起伏，海拔在 1563 ~ 4585 米之间。

这样的自然、气候、土壤等条件，适宜珍稀物品生长和各种资源发展，出现了品类繁多的物产，在生产生活中起着重要作用，丰富了人们的物质生活，促进了物品交流和对外贸易的发展。

临夏的物产，主要有临夏蕨菜、黄酒、黑木耳、玉木耳，康乐树莓、香菇、当归、银耳、百花蜜，和政啤特果、赤松茸、羊肚菌，永靖百合、草莓、红枣，唐汪大接杏、八宝、糖瓜，积石山花椒，康美牛肉等品类，特色明显，品质优良，体现出独特的自然风貌，承载着独特的民族风情和地域特色。

临夏的“调味之王”——临夏花椒

花椒是芸香科，属于落叶小乔木，因果皮有细小突出的油点，呈斑状，形似花，故名“花椒”。　位列调料十三香之首，素有“调味之王”的美誉。在中国历代本草书籍中，花椒始载于《诗经》，最早入药是在《神农本草经》中，有着悠久的历史。

古人认为花椒可驱邪辟害，椒籽众多寓意着多子，故而某些朝代的宫廷如汉宫，用椒籽和泥涂抹墙壁，宫殿被称为椒房殿，给正宫皇后居住。汉朝的窦太后做了皇后以后，就住进椒房殿。以后，椒房就成了皇后的寝宫。

花椒树结果多，古代就有“椒蓼之实，繁衍盈升”之句。花椒有两种繁殖方式，有性繁殖是以种子播种完成，营养繁殖是通过根茎嫁接和扦插进行。花椒生长于平原至海拔较高的山地，耐旱喜光，生存力强，各地都有栽种。

花椒是一种常见的调味品，含有丰富的磷、铁等微量元素，性味辛、温，入脾、肺、肾，可治胃腹冷痛、呕吐、泄泻、血吸虫、蛔虫等病症，有散寒止痛、抗菌杀虫、增加食欲等功效。

花椒是一种防腐剂，古人常用于日常生活。在发掘的汉墓中，古人用花椒果填内棺，就用其防虫防腐功能，同时带有“繁衍盈升”、多子多孙的寓意。在河北满城县出土的汉代中山王刘胜墓文物中，就有保存良好的花椒。

夏秋季节，花椒漫山遍野生长，红点般的果实透出绿叶，吸引人们的眼球。花椒的栽植以临夏县、东乡县、积石山县、永靖县为重点。2004年12月，积石山县被国家林业和草原局评为“中国花椒之乡”。2007年，在甘肃第二届林果花卉展览交易会上，临夏县花椒荣获银奖，积石山大红袍花椒荣获铜奖，临夏大红袍花椒被评为甘肃十大名果。

黄河边的“天然维生素丸”——永靖红枣

永靖刘家峡红枣主要栽种于黄河、湟水沿岸的刘家峡、盐锅峡、西河等地，距今有两千多年历史。现在不少枣园中，二三百年的枣树随处可见。红枣栽种经验丰富的永靖当地农民，积极种植枣树，使其成了“摇钱树”，村民先后富了起来。

红枣香甜脆嫩，个大肉厚糖分高，颜色深红带油黑色，富含蛋白质、糖、磷、铁、山楂酸、酮、维生素等，被誉为天然的维生素，是抗衰老的极佳补品，低热量易消化，有治疗高血压、心血管肿瘤、失眠的功效，能抗疲劳、增强机体免疫力，适宜做减肥健美食品。当地农谚“一日三颗枣，人寿常不老”，“若要皮肤好，粥里加红枣”，说的就是红枣的功用。

枣树抗寒耐盐碱，生命力和适应性强。栽植枣树，每年要进行两次修剪施肥。枣树栽植两年后挂果，农历四月初发芽，七月中旬半数发红，永靖当地有“枣树不害羞，当年红丢丢”的谚语。

刘家峡红枣有圆枣、晋枣、线枣之分。大枣色泽鲜红，皮薄肉厚核小，质地细嫩汁多，果实饱满，营养丰富，深受广大群众好评。

产于永靖县西河乡二房村的馒头枣，个大肉厚核小，更具特色。枣果有丰富的维生素 C，比柑橘高 7 ~ 8 倍，比苹果高 70 倍。

永靖县盐锅峡镇上车村，背靠东南高山，面朝东流的黄河，是个有百来户人家的小村庄，是黄河三峡有名的红枣之乡。随着风吹日晒雨淋，这里的红黏石跟黄河泥沙及山沟冲下来的黑肥土，混为三合壤土，沿山势形成带状的川地，土质胶硬细腻，加上南北通风，没有任何污染，适宜枣树生长。

据考证，在元明清时这里叫花红沟，人们依据土壤适宜生长枣树的习性，按时栽种培育枣树，产的红枣很有名气，销往兰州、临夏、甘南等地。到清朝后期，枣树因老化被全部砍伐，新中国成立后引进新品种，长势比以前更好。

改革开放后，村民在自己的承包地里，引进新品种，尝试粮树间种，收成大大增加，这增加了村民的积极性，他们开始大量栽种，门前屋后都是片片茂密的枣树。每到农历五月，枣花盛开，芳香飘溢，人在其中，如到了世外桃源。现在，刘家峡红枣已成为当地名优特产，屡获省内外各种大奖，深受无数人青睐。

酿自大夏河岸的古酒——临夏黄酒

黄酒是我国最古老的酒种，富有地方民族特色，迄今已有5000多年历史，是世界三大古酒之一。黄酒采用传统的酿造工艺，在几千年的实践中，积累了丰富的经验，并不断完善提高，达到了工艺纯熟的境界。

临夏黄酒，顾名思义就是因其颜色发黄而得名，多呈现出褐色、黄色、棕色等，是当地汉族的特产，以稻米、黍米、小米、玉米、小麦、水等为原料，通过酒曲及酒药等共同作用酿成，技术独特，成为东方酿造界的代表。

临夏黄酒是北方酿造的一种特产，以“传媳不传女”的习俗，一直延续至今，已有500多年历史。临夏黄酒营养价值高，甚至超过了被称为“液体面包”的啤酒、营养丰富的葡萄酒，享誉陇原，行销海内外。

黄酒以粮食为原料，主要成分是乙醇，浓度较低，一般为8%～20%，适于人们饮用。黄酒饮法多样：冬天放在热水中烫热，或隔火加热饮用，温和柔顺，醇香浓郁，有活络筋骨、驱寒暖身的作用；夏天加些冰块或冰冻的苏打水，降低酒精度，使其更为清凉爽口。

临夏黄酒的酿造，精选优质黄米、大米、小麦、大麦等原料。用清水洗净蒸煮凉拌，等温度适宜后，拌进优质的酒曲入大缸密封。经数月或数年，用质纯色清的井水压榨出黄酒，酒精度为 18° 左右，封存期愈长香味愈浓，色泽愈黄。

临夏黄酒含有氨基酸、糖、醋、有机酸和多种维生素等，味道甘醇，香气浓郁，风味醇厚，是烹调中不可缺少的调味品，也是一种滋补营养品，有活血化瘀、舒筋活络、提神醒脑的功效。还可作为药引，运用到各类食品饮品中，增添浓郁的香味。

“芽面包”“酸巴梨”——和政啤特果

啤特果是生长于和政县海拔 2400 米山区的一种果实，也叫皮胎果、芽面包、酸巴梨、剥皮梨等，是蔷薇科梨属秋子梨系统的一个地方品种，外形像冻梨，具有耐寒、喜阴、抗病虫害等特点。

临夏栽种啤特果以和政县为最，在庄前屋后的坡坎土丘，或专门整出的地里，都有大规模种植，成活率极高。树的主干高 50 至 70 厘米，树形疏散分层，交错排列，能够充分吸收阳光，保证啤特果的品质。

刚摘下的啤特果，果香扑鼻，吃起来又酸又涩，难以下咽。因此，人们平常会将摘下的硬果子，放在搭好的架棚上，过20多天或半个月之后，果子由硬变软，色泽由黄转酱黑色，成为人人喜爱的黑果子，此时即可食用。

啤特果产量大。据有关资料考证，树龄最高的达180年，有的甚至更久。在风调雨顺的年间，某些单株果树产量达1800公斤左右，平均单果重量达125克，最大的在285克以上。

啤特果含有丰富的游离酸、果胶、多糖、脂肪、蛋白质、纤维素、铁、钙、磷等多种微量元素。因其性温，味甘微酸，具有清热化痰、养胃润肺、消渴止咳、软化血管、解酒等多种功效。

当地选用优质啤特果，采用先进工艺，批量加工啤特果汁饮料，多年行销市场，深受无数消费者喜欢。在果品加工过程中，通过低温冷榨技术，将果肉和果汁充分融合，形成细腻的口感和丰富的营养。

被嫁接的美味——唐汪大接杏

唐汪川大接杏产于东乡县唐汪川，又称大桃杏，是一种蔷薇科杏属植物，以个大色鲜、质厚松脆、香甜爽口而享誉省内外，曾有“天水的苹果安宁的桃，唐汪川的大接杏是一宝”的说法。

唐汪川种植杏树的历史，已有400多年。唐汪川气候温和，群山环绕，川原开阔，田野肥沃。唐汪川有灌溉用的渠水，光照

强烈，日照时间长，昼夜温差大，尤其是略含盐碱的红砂土，极适宜杏树生长。自明清以来，唐汪川逐渐成为盛产杏子的地方，素有“丝绸古道河湟口，陇上杏花第一村”的美誉，因此也被称为杏花村。

春天时，杏花怒放，蜂蝶飞绕，成为名副其实的唐汪杏花村、陇上杏花第一村。洮河水蜿蜒流过，乡道两旁和农户的房前

唐汪杏乡之春 肖永南 / 摄

屋后，都种有无数大小杏树。每年农历 3 月底至 4 月中旬，杏花盛开，吸引无数人来旅游观光。有些杏树，树龄多在百年以上，开着粉红色杏花，多是大接杏树。杏树长得慢，树干不粗，树皮干枯皲裂，多分枝，相互旋转，交错着生长，向四周延伸枝桠，最盛时独立成林。据了解，现存最古老的杏树，是 280 年的一棵大接杏树。

在20世纪60年代，大接杏树遭受不当砍伐，从20世纪50年代的几千株，锐减到20世纪70年代不到400株，几近灭绝。当地人冒着危险，在自家后院里保存下这一树种。

20世纪80年代初，有关部门经详细普查，发现唐汪川有比较庞大的杏子家族，品种有大接杏、包核杏、泉眼口、早杏、胡抓等22种之多，而大接杏最为有名，百年以上的老树为数不少。改革开放后，唐汪大接杏重新萌发出生机，唐汪川大接杏种植被省里列为基地建设项目，出现了人人育苗、户户栽种的景象。桃杏已成为唐汪川的重要产业。

关于唐汪大接杏，还有一个“英雄救美”的传说。传说很久以前，有个叫桃杏的仙女下凡，来到人间播撒琼果，不料被几个泼皮无赖纠缠，幸得一年轻后生相救，才得以脱险。后来仙女为了报答相救之恩，将装有大接杏枝条的葫芦赠予后生，作为答谢之物。后生将装有大接杏枝条的葫芦带回家中，栽于自家园子。为了不忘桃杏馈赠之恩，后生将此杏命名为桃杏。斗转星移冬去春来，现今已是桃杏满川了。

杏树根系发达，树冠硕大，高大健壮，普遍高度为15米，最高的达20米以上。大接杏成熟时，平均单果重90克左右，最大的达150克，产量惊人。遇到丰收年间，单棵树能结七八百斤杏子 。

大接杏肉质细密，味甜多汁，果色艳丽，富有香气，含糖量高达5%~15%，富含维生素，具有润肺止渴、祛痰防癌等功效，是当地培育的良种，果品中不可多得的珍品。大接杏最宜鲜食，不宜久存，只能加工成杏干、杏脯、杏酱、杏子汁、杏子酒、杏子罐头等食品，销往全国各地。

阳春三月，唐汪川杏花开放，一团团，一簇簇，一树树，满川花香，游人如织。时值六月，麦收之时也是杏熟之季，唐汪川更是一派丰收景象。千树万树压枝低，金黄透红、甘醇无比的大接杏，引来无数人品尝。大接杏成熟时，约上三五好友品尝，别有一番滋味。用手轻轻一掰，杏子一分两瓣，肉核爽快分离，毫不粘连。将果肉放进嘴里，酸甜的味道沁入心脾，甘醇无比。曾在唐汪川私塾教学的河州文人张质生曾做《杏赋》描绘唐汪川的杏树："川多杏树兮接碧空，树多杏子兮绿转红。实历历而垂稠叶，色晔晔而露密丛……"

唐汪杏采摘活动启动仪式 马国文 / 摄

陇上名品——鸡蛋皮核桃

核桃也叫胡桃，是一种胡桃科胡桃属的落叶乔木。关于胡桃的名称，李时珍在《本草纲目》中解释说，这种果外有青皮肉包着，形如桃，胡桃是其核，羌音呼核如胡，核桃之名或许就是这么来的。

积石山地处黄河中上游青藏高原向黄土高原过渡地带，适宜核桃生长。大河家镇、刘集乡、石塬乡、柳沟乡、关家川乡、胡林家乡、安集乡、银川乡、铺川乡九个乡镇都有栽种，土壤为黑垆土、红土。目前，大河家康吊、大河村、甘河滩、克新民村，刘集的陶家、崖头、崔家，成为鸡蛋皮核桃的基地。早在明清时期，积石山的大河家、四堡子、刘集等地盛产核桃，并作为主要粮油资源，在人们的生活中起着作用。

这里出产的核桃，外皮轻薄，味道醇厚，核仁饱满，含油量高，容易脱仁，大河家和四堡子的最为有名。这里的核桃，外壳薄似鸡蛋皮，用手轻轻一捏就破裂，因此民间称之为“鸡蛋皮”核桃，已有两千多年历史。

鸡蛋皮核桃，每 100 克中含有 15 ~ 20 克的蛋白质，有人体所需的钙、磷、铁等多种微量元素和矿物质，是健脑之上品。核桃产量高，单株可达 90 ~ 120 千克，可食用、榨油、入药，性温味甘，主治虚寒喘咳、肾虚腰痛等疾病。

2007 年 11 月，在甘肃省第二届林果花卉展览交易会上，大河家鸡蛋皮核桃被评为铜奖。2012 年 12 月 27 日，国家质量监督检验检疫总局对大河家鸡蛋皮核桃实施地理标志产品保护。

《临夏回族自治州志·林业志》写道："大河家核桃种植资源丰富，据 1964 年省、州果树资源调查，有六月黄、大屁股、鸡蛋皮、鸭蛋、绵核桃、大三棱、小三棱、柴核桃等。鸡蛋皮核桃最出名。"

后记

中国民族文化出版社要为全国30个少数民族自治州出一套系列丛书，每个州一本，全面介绍各州的自然美景、历史遗迹、丰富物产、民间歌舞、风土人情、手工技艺等基本情况。

接到承担临夏州一书撰稿任务的电话时，我在赶写逼近眼前的一份书稿，实在有点脱不开身，不敢贸然答应。一旦应承下来，到时如果难以完成，于人于己脸上挂不住，辜负了对方美意，于是想主动地让贤。

过后认真想了想，自己在文旅部门供职多年，一直从事文学艺术工作，业务还算较为熟悉，好友也认为我是合适人选，义不容辞的。就这样，觉得再也绕不过去时，就硬着头皮答应下来。

既然已经答应了，就该做好思想准备，汇报协调，寻求帮助支持，确定内容大纲，搜集文字资料。当地的某些人文景观、历史遗迹、自然美景、民俗风情等，之前曾经写成散文在各类报刊发表，现在以不同的方式再写出来。

要想获得第一手资料，就得花一番功夫翻阅大量文史书刊，或从网上搜索下载，查漏补缺，查阅考证，整理成文。某些空缺的资料，还得去亲自采访，力求内容充实，定位准确，经得起时间的考验。

某些研究和考证性内容，经过专家学者论证，有一定的权威性，得到学术界普遍认可，在各大媒体报刊广泛应用。本人涉猎不深，缺乏深入研究，不敢擅自改动或妄加取舍，只能如实引用，呈现本来的面貌。

书中各类图片占有一定分量，起着重要作用，是不可或缺的部分。在搜集这些图片时，得到各县市文旅部门、融媒体中心、摄影工作者的大力支持，他们或及时寻找归类，或去现场拍摄，或让人仔细筛选。

在撰写文字和搜集照片的过程中，得到友人马艳红、张有财、马海林、何其龙、史有东、何延根、朱旭龙、张元、马峥等人的支持，提供了不少有价值的信息，敲定了某些专业性内容和关键性术语，订正部分不确定表述，为本书增色不少，在此表示真挚的谢意。

人无完人，金无足赤。本书写成后，不免会有这样那样的不足，出现或多或少的疏漏，某些表述不够准确，恳请各位方家指正。

我想，翻开一本书就是推开一扇窗户，或许能发现别样的风景。

著者

2025 年 3 月 8 日

图书在版编目（CIP）数据

带一本书去临夏 / 钟翔，马钊著 . -- 北京 : 中国民族文化出版社有限公司，2025. 7. --（中国这么美的 30 个自治州）. -- ISBN 978-7-5122-2024-9

Ⅰ . K928.942.2

中国国家版本馆 CIP 数据核字第 2025QR6678 号

带一本书去临夏
Dai Yi Ben Shu Qu Linxia

总 策 划　刘彦明
执行策划　赵　天
作　　者　钟　翔　马　钊
责任编辑　钟晓云
排　　版　王韦韦
责任校对　孙　洋
出 版 者　中国民族文化出版社　地址：北京市东城区和平里北街 14 号
　　　　　邮编：100013　联系电话：010-84250639 64211754（传真）
印　　刷　鸿博昊天科技有限公司
开　　本　710mm × 1000mm　1/16
印　　张　14.5
字　　数　167 千字
版　　次　2025 年 8 月第 1 版
印　　次　2025 年 8 月第 1 次印刷
标准书号　ISBN 978-7-5122-2024-9
定　　价　78.00 元